U0594240

教育信息化背景下
师范生教育技术能力培养探索

朱贤友 ◎ 著

吉林出版集团股份有限公司

图书在版编目（CIP）数据

教育信息化背景下师范生教育技术能力培养探索 / 朱贤友著 . — 长春 ： 吉林出版集团股份有限公司，2021.9

ISBN 978-7-5731-0461-8

Ⅰ．①教… Ⅱ．①朱… Ⅲ．①师范教育－教育技术－能力培养－教学研究 Ⅳ．① G43

中国版本图书馆 CIP 数据核字（2021）第 192263 号

教育信息化背景下师范生教育技术能力培养探索

著　者	朱贤友
责任编辑	郭亚维
封面设计	林　吉
开　本	787mm×1092mm　　1/16
字　数	230 千
印　张	10.5
版　次	2021 年 11 月第 1 版
印　次	2021 年 11 月第 1 次印刷
出版发行	吉林出版集团股份有限公司
电　话	总编办：010-63109269
	发行部：010-63109269
印　刷	北京宝莲鸿图科技有限公司

ISBN 978-7-5731-0461-8 　　　　　　　　　　　　　定价：88.00 元

版权所有　侵权必究

前　言

　　当今社会已进入信息化社会，教育在不断改革，并且面临着巨大的挑战。教育信息化已成为教育发展的必然趋势，而实现教育信息化的关键是要有一支具备较高现代教育技术素养的师资队伍。这要求在校师范生要紧跟时代步伐，努力学习并掌握现代教育技术，提高自身素养以适应教育信息化的发展。目前在校师范生的教育技术能力素养成为教师职业素养和影响教育改革的重要因素，因此，师范生教育技术能力的培养与发展对推进我国教育深化改革与发展有着深远的影响和积极的意义。

　　在教育信息化的时代背景下，教育技术能力已成为现代教师必须具备的专业素质和重要方面，但是，当前师范院校对师范生教育技术能力的培养没有得到足够的重视，师范生现代教育技术能力缺乏。因此，从培养适应 21 世纪教师专业化发展的角度，师范院校应不断加强对师范生教育技术能力的培养。

　　本书主要以研究师范生的教育技术能力为目的，以国家颁布的《中小学教师教育技术能力标准（试行）》为依据，探讨了教育信息化背景下的师范生教育技术能力的发展与培养情况，提出了促进师范生现代教育技术能力培养和发展的实施途径，能够为现代教师的培养提供参考与指导。

　　本书在撰写过程中参考了大量的著作与文献，在此一并向相关作者表示衷心的感谢！由于时间仓促，加之能力有限，书中难免存在不足之处，望广大读者给予批评指正。

作　者

2022 年 3 月

目　录

第一章 教育信息化与教师技术能力

教育信息化为我们展示了未来教育的美好前景，科技的发展也为教育的发展奠定了良好的基础。但是我们必须清醒地认识到，在教学活动中教师是教育信息化的直接实施者和推动者，教师教育技术能力的高低将直接影响教育信息化的进程。因此，对于广大教育工作者而言，面临快速发展的教育信息化浪潮，认清教育改革的大方向，更新教学理念，并懂得如何利用教育技术来适应教育信息化的发展是非常重要的。

第一节 教育信息化的发展

一、教育信息化概述

1993 年 9 月，美国政府正式提出"国家信息基础设施"（national information infrastructure，NII），俗称"信息高速公路"（information superhighway，IS）建设计划，其核心是发展以互联网为核心的综合化信息服务体系和推进信息技术（information technology，IT）在社会各领域的广泛应用。在其带动之下，许多发达国家和发展中国家相继出台了一系列国家信息基础设施建设规划，从而带动了全球信息化建设的浪潮。20 世纪中期以来，以微电子技术、计算机技术、网络技术和多媒体技术为主要技术，以数字化、网络化、智能化和多媒体化为主要特征的现代信息技术进入了一个飞速发展的时期，也被应用于许多领域，这不仅仅给我们生活的各方面提供了技术性的支持，并且影响和改变着人们的生活、学习和思维方式。当然教育领域也是其发挥作用的重要场所，在教育领域引入技术，不像其他领域可以得到立竿见影的效果。教育是个长期的、循序渐进的过程，当信息技术运用于教育，它就赋予了教育新的特性：开放性、共享性、交互性与协作性等。从过程论的角度而言，可以把教育信息化看作以信息的观点对教育系统进行信息分析，在此基础上进行信息技术在教育中的有效应用，并培育和发展以智能工具为代表的新生产力，使之促进教育事业发展的历史过程；从技术论角度而言，可以把信息技术作为教育系统中的一个要素，把其全面深入地应用于教育领域来促进教育各方面的发展，提高效率；从模式论角度而言，教育信息化不仅仅是将信息技术作为一种工具，更应该将其与教育系统中的各要素进行有机整合，最终形成适应信息社会要求的新型教育模式。

二、我国教育信息化现状

党和国家高度重视教育信息化的建设。在国家有关部门的大力支持以及社会各界的广泛关注和参与下，国家对于教育信息化的发展做出了宏观规划并制定了相应的政策，如教育信息化"十五"发展规划、2003—2007年教育振兴行动计划教育信息化专题建设方案、农村中小学现代远程教育工程实施规划方案等。目前我国教育信息化建设在这些政策的支持下已取得了巨大成就，但是依然存在一些问题和不足。

（一）基础设施建设有待加强

基础设施建设作为教育信息资源的载体，在教育信息化过程中起着至关重要的作用。北京师范大学的黄荣怀教授把我国的教育信息化发展分为四个阶段：计算机教学起步阶段、计算机教育发展阶段、基础设施建设大发展阶段和应用能力建设发展阶段。我们认为，我国教育信息化对于大部分地区来说正处于第三个阶段，当然，一些发达地区已经进入应用阶段。我国在信息化教育的基础设施建设过程中，投入了大量资金，效果显著。

中国教育与科研网（China Education and Research Network，CERNET）从1994年建设至今，作为基础设施，解决了教育信息化从无到有的问题，开创了中国互联网先河，培育了中国最早的互联网用户。作为中国最早的覆盖全国的互联网骨干网，CERNET的建设，首先解决了大学师生上网的问题，为中国教育信息化开启网络通道起到了举足轻重的作用。2000年启动的中国教育卫星宽带传输网（CEBSat）是我国实施科教兴国战略，开展《面向21世纪教育振兴行动计划》的重大部署之一。截止到2010年11月，中国教育卫星宽带传输网已建成终端接收站点近70万个，有效覆盖人群达4亿人。其中，农村党员干部现代远程教育工程在31个省（自治区、直辖市）和新疆生产建设兵团共有64万个乡镇村建立了培训站点，覆盖率达到了99.1%。农村中小学现代远程教育工程覆盖了中西部地区80%以上的农村中小学，其中中西部农村教学点78080个，农村小学250552所，农村初中29729所，1亿多中小学生得以共享优质教育资源。用户人群覆盖了我国几乎所有省（自治区、直辖市），特别是广大西部、偏远农村和边疆海岛地区，逐渐发展成为我国乃至全球规模最大的，覆盖最广大、最边远、最基层的公益性卫星远程教育专业服务网。而基础教育市场经过"百亿工程"建设后，中小学基本上搭建起了硬件平台。在这个平台上，越来越多的中小学进一步提出建立"班班通"的目标，利用一个区域平台，搭建起一个局域网，在这个区域内实现教育信息资源的共享。

"班班通"项目将主要带动PC终端设备更新采购与应用阶段的需求。这些都是我国近些年已经做出的努力，以及已经取得的成效。我们认为，到目前为止，基础设施建设方面的问题主要存在于农村和偏远地区。现在农村中小学计算机的数量比较乐观，但是互联网的接入情况不容乐观。农村和偏远地区的教育信息化一直是热门话题，国家和政府虽然非常重视，但是效果并不明显。当然，教育信息化的基础设施建设涉及人、财、物的投入。

信息化建设是一项较大的工程，时间长、见效慢，而且信息技术日新月异，工作量大。因此，各学校信息化建设也绝不是一朝一夕的事，需要各方面的齐心合力、默契配合才能达到理想的效果。

（二）信息资源建设有待完善

教育信息化建设中，网络条件、硬件设施是基础，资源建设是核心。如果没有优质资源以供使用，基础设施就像空房子里没有家用器材一样，只是简单的摆设，不可能发挥其对教育的强大支持作用。教育信息资源与我们平常使用的教学资源是有区别的，是信息化的教学资源，包括电子音像教材、媒体素材、课件、案例、文献资料、题库等多种。我国也逐渐改变了过去重硬件轻软件的观点，加大对信息化资源建设的投入并且出台了相应政策。

2002 年，教育信息化投入 208 亿元人民币，其中教育软件投资规模接近 27 亿元，比例达 13%，而教育资源库占教育软件总体的 27.3%。2003 年，教育信息化投入 226 亿元人民币，其中教育软件投资比例达到 22.4%，最近这几年比例也在逐年上升。这几年来，国家和各个省份都在努力为教育资源建设贡献力量，包括基础性网络课程、案例库和试题库的建设。到 2012 年，浙江省建设 100 门高中选修课网络课程，在省教育资源网上新开设20 个特级教师工作室和 3 个高中学科协作组。深圳市建设 IPv6 视频课例资源库，完成了6000 节各学科优秀课例。教育信息资源建设的一个重要层面就是对多种信息资源的重组与优化，实施大范围、高效率的共享。而作为近几年的新型技术，云计算和物联网在教育行业的应用将给教育信息资源的建设带来前所未有的突破。目前，教育行业已开始实施一些云计算项目。例如，"北工大云计算实验平台"不仅面向学校，还对企业、政府及开源社区提供高性能计算资源和服务；广州大学的基于云计算基础架构平台的集中化管理解决方案，为广州大学的不同用户提供各种资源系统和服务。在国家资金的投入和相关政策的支持下，我国教育信息化资源建设正由早期资源素材的建设发展到资源管理平台的建设，直至资源平台应用建设，资源建设体系逐步完善。我们已经取得的成就是毋庸置疑的，但是目前我们认为，教育资源建设的主要问题在于优质资源缺乏，以及资源的共享和利用效率偏低。虽然我们现在资源库的资源类型、内容都比较丰富，但是很多资源都是大同小异，有些是纯粹的知识点累加，缺乏交互性、共享性、时效性等特点，资源的可用性不强。

（三）信息化人才培养有待提高

在教育信息化建设中，人才是关键，是教育创新和变革的主要力量。人是教育信息化的发起者又是其实践者，因此人才的培养对教育信息化的其他方面也有着深刻影响。信息化社会对人才的培养也提出了新的要求。我们对教育信息化人才培养已经做的工作主要为中小学信息技术课的开设。2000 年，教育部下达了《关于在中小学普及信息技术教育的通知》，决定从 2001 年开始用 5~10 年的时间，在中小学（包括中等职业技术学校）开展基础信息技术教育，国家将信息技术课程列入中小学生的必修课程；为了普及中小学信息技术，我国全面启动了中小学"校校通"工程。国家通过这种方法强制性地使信息化人才培养从孩子抓起，让学生在学习的早期就接触信息技术，掌握信息技术的基本知识和技能，进而在以后的学习中会利用信息技术解决遇到的问题。中小学信息技术课现在已经基本得到普及，还存在的问题就是它的质量和师资力量问题。教育信息化给教育发展带来空前巨大的挑战，也对教师的能力结构提出了新的要求，而教师队伍作为教育改革的力量之一，是教育信息化过程的重要执行人，其目前的知识结构、素质和能力不达标会直接影响国家对信息化人才的培养。2004 年，教育部颁布了《中小学教师教育技术能力标准（试行）》（简称《标准》），接着国家对教师开展培训工作。在农村中小学现代远程教育工程实施的过程中，培训的方式主要是集中培训和送培下乡相结合、培训骨干教师和全员培训相结合、面对面培训和远程培训相结合。虽然培训工作在如火如荼地进行着，效果却不太令人满意，培训的内容和方式还有待改善。高校也是培养信息化人才的重要基地，不但开设与信息技术相关的公共课，还有培养专业人才的固定专业。另外，中小学教师一般都来自高校的师范生。因此，对于这些教师的职前教育就落在了高校的肩膀上。我国已经有很多高校借鉴国外经验，跟中小学合作，把好教师职前相关能力的培养这一关。

三、教育信息化和教育现代化的关系

教育信息化在教育现代化的过程中有着特殊的身份，它既是教育现代化的主要内容和现阶段要实现的目标，又是实现教育现代化的重要途径。教育信息化与教育现代化有着天然的相辅相成的关系，杨晓宏认为，教育信息化的目的可以概括为四个方面：一是促进信息技术在教育领域的广泛应用，二是推动教育的改革和发展，三是培养适应信息社会要求的创新人才，四是促进教育现代化。可以看出，实际上，教育信息化的实现过程也正是引领我们实现教育现代化的过程。因此，我们在开展教育现代化的过程中，不能忘了同时使教育信息化跟上步伐，在实施教育信息化的同时也要用其来促进教育现代化的发展。两者之间的关系中，教育信息化对教育现代化的促进作用占主要地位，我们将从以下四个方面进行分析。

（一）促进教育公平

现阶段教育现代化的目标之一就是实现教育公平和受教育者的广泛性，而教育信息化是实现这一目标的有效措施。由于偏远地区地域的限制，有很多教育设备、师资力量等，这些地区都无法享受，而信息化教育可以利用其网络化和虚拟化突破时间和空间的限制，缩小城乡之间和地域之间的教育差距，实现教育的公平。"十一五"期间实施的农村中小学远程教育工程已经收到一些成效。我们认为，这个过程中的关键环节是优质资源的开发和资源分享平台的建设。因此，我们要下大力气开发一些课件、教学视频等多媒体学习资源和一些供学习者分享资料、交流互动的网络平台。

（二）促进课堂教学改革，进而培养创新型人才

随着多媒体网络技术、智能技术等的发展，流传着这样一种说法：以后的课堂将不复存在，教师这个职位也会消失，学习者的学习经历完全通过虚拟空间的自学得到。然而实践证明，这种说法并不现实，至少在现阶段的教育现代化，我们要实现的并不是这个目标。课堂教学依然是我们获得知识的主要途径，而教育信息化的目的是怎么利用现代教育技术来促进学习，提高学习效果。在课堂中利用多媒体教学可以使学习内容以文本、图片、动画等形式生动形象地展现在学生面前，弥补了传统教学中枯燥的黑板粉笔模式；信息技术的适当使用可以给学生创设一个建构主义式的学习环境，学生可以充分发挥其主体性和协作精神，当然这些学习过程需要有经验的教师来引导；课下的网络技术为学习者提供了自主学习的条件，他们在学习过程中，主动搜索资源、加工信息、分享信息等，既培养了自主探索的精神，也提高了信息素养；由于网络通信的便利，教师与学生和家长的联系也更加密切，教师在教育学生的同时及时与家长沟通，更有利于学生的成长和学习。因此，信息化技术在教育教学中的全面应用，以及其在多方面的优势必将导致教学内容、教学手段、教学方法和教学模式的深刻变革，这样的现代化教育才能培养出创新型人才，加快社会的进步。

（三）促进非正式学习

随着社会对人才需求的变化及自我提高的内在诉求，人们逐步认识到终身学习的重要性，固定场合、时间、方式等的一些正式学习已经不能满足人们的需要。于是，非正式学习走进人们的视野，受到大家的欢迎，并将成为知识获得越来越重要的途径。而教育信息化的开展所涉及的先进技术、学习方法、理论等为非正式学习提供了条件。网络技术的快速发展，为学习者提供了更广阔的天地，学习工具更加丰富，学习方式也更加多样化。特别是 Web2.0 技术的推出使得学习者成为网络的主人，Web2.0 的强交互性、共享性、个性化等特点也提高了学习者的学习效果。建构主义、知识管理、人本主义等理论可以指导非正式学习，使其虽然没有教师的指导，但是也不脱离学习的性质。随着教育信息化的发展，学习者有利用技术来促进学习的理念，在浩瀚的信息资源里学会搜索自己需要的学习资源，利用网络互动平台跟同伴交流互动等。具备了这些素质，学习者在随时随地进行的非正式学习中，会更加得心应手。

（四）促进教师专业发展

教师专业发展是近几年比较热门的话题。在教育现代化的大环境下，想对教育的各方面做出改革，从人力资源的角度出发，作为教育改革最直接实施者的广大中小学教师应该首先实现现代化。教育现代化对教师的专业素养和专业程度提出了新的要求：教师应确立面向教育现代化的先进教育理念，具有现代教育技术基本素养，具有将信息技术及信息化

教学模式灵活运用于教学的能力，具有良好的人际关系和人际协调能力，确立终身学习的理念等。我国对教师的培训工作很早就已经开始，但是效果往往不佳。以前的教师培训工作往往是自上而下的授课制度，而教育信息化的发展为教师的专业发展开拓了一种新型培训模式。首先，对于新型教育理念的学习。现在的每个教师基本都能上网，我们应该以上级发布学习文件为主，利用网络等方式的传播为辅，因为网络是一个不断循环的二级甚至多级传播媒介，对于信息的传播往往有意想不到的效果。其次，我国现存的许多教师专业发展平台功能模块齐全、资源丰富，还可以与不同地区的教师互动交流，是教师在授课时自我提升能力的良好补充。这种线上、线下培训方式的结合，弥补了过去课堂授课、课下教师的问题得不到解决的不足。同时也使得教师在学习的同时亲身体会到了信息技术的作用，为以后教学内容和教育技术在自己课堂上的整合打下了基础。

第二节　信息化环境下的教师及其专业发展

在新技术层出不穷、迅速发展的时代里，教育作为一种培养人的社会活动，正在信息技术的推动下不断地进行着变革。为进一步促进信息技术与教学的融合，作为教学活动主体之一的教师，其角色转换和专业发展正逐步成为社会组织所关心的话题。

一、信息化环境下教师角色的变革

目前，信息化环境下的学习主体为互联网时代中成长起来的"数字原住民"，信息技术正从方方面面渗入他们的生活，影响着他们知识获取与应用的方式，使得他们的学习渠道多元化，从而打破了教师在传统教育教学过程中的中心地位。为了更好地适应"新型"学习者的需要，教师需要具备一定的信息素养，并能够通过现代信息技术进行教学，开展以学生为主体的教学活动。这就迫使教师进行角色的转换，重新确定自己的角色定位。

信息化环境下的教师角色变革有以下几种形式：

1. 从教授者到引导者

在传统教学中，教师是课堂教学的中心，以讲授式教学法为主，学生是知识的接受者，只是被动地接受教师灌输的知识。这种传统教学模式虽然有助于培养学生尊师守纪的良好品格，并且能让学生在短时间内抓住所学知识的重点，但往往容易导致在课堂教学中出现满堂灌的现象，忽视了学生不同的知识水平与接受能力，学生的自主学习能力、批判性思维、创新能力以及问题解决能力得不到充分的重视和发展。信息化环境下的教育正进行改革，强调教师应该将学生作为教学活动的中心，帮助学生转换学习方式，引导学生获取适应未来社会需求的能力。

2. 从执行者到设计者

信息时代下的教师不再只是教学活动的执行者，而是能够设计出提升学生综合能力的学习活动、学习空间、学习情境、学习资源以及学习评价的教学设计者。教师通过对技术的选择和使用，采取不同的方式在学生兴趣和学习目标之间建立联系，力求最大限度地发挥学生的主观能动性，避免传统教学模式压制学生的发展。

3. 从实施者到参与者

在信息化环境下教师应该走出传统的教学模式，使自己从原来教学活动的实施者转变为教学活动的参与者。协作学习不只发生在生生之间，也发生在师生之间。信息技术为教师提供了与学生组成学习共同体的机会，由于教师的知识结构和能力水平都远高于学生，在协作过程中教师能够引领、指导和监控学生行为，使得教学活动得以顺利进行。教师应该成为学生学习过程的支架，为学生学习提供全过程支持，成为知识的协同创造者。

4. 从教学者到研究者

由于学生对知识的熟练程度和准备状态存在个体差异，并且不同的学习者具有不同的学习方式，所以教师在进行教学时需要提供更广泛的教学技巧和策略。这要求教育者有能力来整合主题；学会利用技术、实践项目以及原始学习材料来增加学习机会；开发评估学生学习的新方法，并使用评估数据来改进教学过程。在信息化环境下，随着技术的普及与使用成本的降低，让教师能更加容易地去通过试验验证新技术和新方式的可行性。信息技术的支持使得教师可以通过互联网与不同地域的专家学者们建立联系，形成教学者之间的学习社群，互相分享、借鉴教学经验，拓宽视角，促进教学研究。教师只有成为研究者，才能更好地进行信息时代下的教学活动，同时满足自己专业发展的要求。

二、信息化环境下教师专业发展的变革

（一）教师专业发展

2000 年，全美教育委员会在《追求高质量的教学：对决策者的五个重要战略》一书中指出，教师的能力是在家庭与家庭环境之外影响学生成功的最有影响力的决定因素。要使学生取得更显著的进步，教师专业得到持续的高质量的发展是必要的。

对于教师专业发展，不同学者给出了不同的定义。2002 年，戴（Day）在《教师发展：终身学习的挑战》一书中，综合了众多理论学派的理解，将教师专业发展理解为一个教师通过不断学习、不断接受新知识、进行反思，得到知识、技能的掌握和思想、情感的发展的终身学习和终身成长的过程。哈格里夫斯（Hargreaves）提出，教师发展的实践和研究应该解决提高技术技能、道德品质、自我需求、政治意识、熟练度和敏锐度等方面的问题，更重要的是发现它们之间的相互作用，并进行整合。

我们可以把教师专业发展理解为四个部分的内容：学科知识的发展基础知识的发展、

实践性知识的发展以及师德的培养。学科知识的发展指系统性地加强专业学科的知识，教师是教学过程中的主导者，教师的学科知识水平极大地影响着学生学习知识的正确性。基础知识的发展指课程与教学理论知识以及心理学知识等教学知识，可以通过教师进修、开展理论研讨等活动进行培养。实践性知识指教学中所应用的方法和技能的培养，可以通过教学实践和教师研修等方式培养。教师不仅承担着传播先进思想文化的重要任务，还是学生健康成长的指导者，因此，还要考虑教师个人在专业发展的过程中也能够满足自身成长的需要，从而获得一定程度的成就感与幸福感。所以，教师的职业道德培养是教师专业发展中不可或缺的一部分，要把提高教师思想政治素质和职业道德水平摆在首要位置。

（二）信息技术与教师专业发展的关系

传统社会教师的专业素质主要包括师德、专业知识和教学知识三部分，而信息环境下教师的专业素质可以概括为师德、专业知识、教学知识、信息技术知识，这是在互联网的影响下所产生的重要变化。知识在剧增，环境在改变，教师凭借多年前掌握的知识年复一年地重复过去话题的时代已一去不复返了。随着时代的发展，教师的专业知识必须不断地进行更新，教学方法与教育观念也需要不断地进行变革。随着国家对教育信息化的大力推动，越来越多的学校将落实教育信息化提上日程，越来越多的教师开始将信息技术纳入课堂教学。多年来，诸多教学研究和实践成果昭示了信息技术应用于教学的重要价值，如果今天的教师依然忽视信息化变革，在迅速发展的时代中仍旧墨守成规，必将在竞争与发展中被淘汰。时代呼唤着教师角色、教师素养必须为适应信息化教育环境而进行演变和提升。

在前信息化时代，教师专业发展就是指教师的专业知识和教学能力不断提升的过程。在信息化时代，教师专业发展与信息技术紧紧挂钩，将技术纳入教师专业发展体系中。技术作为教师专业发展的内容之一，也构成了教师专业发展的手段、途径、方式、方法。

在信息化环境下，大家对教师专业发展阶段有着不同的认识。其中有以王陆为代表的"学习体验阶段、实践反思阶段、研究创新阶段"三阶段说，以顾小清为代表的"了解、应用、整合、创新"四阶段说，以余胜泉为代表的"学习模仿、尝试使用、困惑、专业进化融合、创新发展"五阶段说等。综合这三种阶段总结，可以将技术引入后的教师专业发展阶段概括为学习知识、将知识进行实践应用、对实践情况进行反思总结、将各项专业技能融合以及实现创新发展。其中，虽然教师专业发展的各阶段特征已发生变化，但都包含创新阶段，创新是适应信息化环境必不可少的能力素养。

联合国教科文组织（UNESCO）在《教师战略（2012—2015）》中提出要"利用包括CT在内的多种方式提升教学质量，促进教师专业发展"。如果说计算机辅助教学是对传统教学方式的一种静态的改良，那么基于网络的教学形式则是一种时空的突破，而当今提出的信息技术与学科教学整合便成为种综合性的、动态的、全方位的跨越式变革。

（三）信息化环境下教师应具备的能力及标准

教师专业发展和教师的专业能力是相辅相成的。我国政府一直很重视教师信息化教学能力的培养和提升，多次要求"提高教师应用信息技术水平。建立和完善各级各类教师教育技术能力标准……将教育技术能力评价结果纳入教师资格认证体系"。

2013 年 10 月 25 日，教育部发布了《教育部关于实施全国中小学教师信息技术应用能力提升工程的意见》，决定实施全国中小学教师信息技术应用能力提升工程。2014 年 5 月 27 日，教育部印发了《中小学教师信息技术应用能力标准（试行）》，根据我国中小学校信息技术实际条件的不同、师生信息技术应用情境的差异，对教师在教育教学和专业发展中应用信息技术提出了基本要求和发展性要求。依据该标准，教育部在 2014 年 5 月 30 日印发了《中小学教师信息技术应用能力培训课程标准（试行）》，对中小学教师信息技术应用能力培训给出了方向性指导。为规范指导各地组织实施教师信息技术应用能力测评，教育部于 2014 年 7 月 7 日发布了《中小学教师信息技术应用能力测评指南》。

2015 年，《中华人民共和国国民经济和社会发展第十二个五年规划纲要》完美收官，继而开创了《中华人民共和国国民经济和社会发展第十个五年规划纲要》新局面。教育部在 2016 年 6 月 7 日发布了《教育信息化"十三五"规划》，文件指出，要建立健全教师信息技术应用能力标准，将信息化教学能力培养纳入师范生培养课程体系，列入高校和中小学办学水平评估、校长考评的指标体系，将教师信息技术应用能力纳入教师培训必修学时（学分），将能力提升与学科教学培训紧密结合，有针对性地开展以深度融合信息技术为特点的课例和教学法的培训，培养教师利用信息技术开展学情分析与个性化教学的能力，增强教师在信息化环境下创新教育教学的能力，使信息化教学真正成为教师教学活动的常态。

为推动教师主动适应信息化、人工智能等新技术变革，积极有效地开展教育教学。2018 年 2 月 11 日，教育部发布了《2018 年教育信息化和网络安全工作要点》，提出启动实施新周期中小学教师信息技术应用能力提升工程，建设 7 个创新培训平台，以及启动面向中小学教师的信息技术应用能力发展测评指标研究和面向师范生的信息技术应用能力标准及培养模式研究。全国范围内新一轮中小学教师信息技术应用能力培训开展得如火如荼。

2018 年，教育部印发了《教师教育振兴行动计划（2018—2022 年）》，提出要"研究制定师范生信息技术应用能力标准，提出师范生信息素养和信息化教学能力。依托全国教师管理信息系统，加强在职教师培训信息化管理，建设教师专业发展'学分银行'"。

表 1-1 国家政策和标准

国家 / 机构	政策 / 文件	相关内容
教育部（2013）	《教育部关于实施全国中小学教师信息技术应用能力提升工程的意见》	决定实施全国中小学教师信息技术应用能力提升工程

国家/机构	政策/文件	相关内容
教育部（2014）	《中小学教师信息技术应用能力标准（试行）》	对教师在教育教学和专业发展中应用信息技术提出了基本要求和发展性要求
教育部（2014）	《中小学教师信息技术应用能力培训课程标准（试行）》	对中小学教师信息技术应用能力培训给出了方向性指导
教育部（2014）	《中小学教师信息技术应用能力测评指南》	提出中小学教师信息技术应用能力测评的内容并规范指导各地组织实施教师信息技术应用能力测评
教育部（2016）	《教育信息化"十三五"规划》	提出要建立健全教师信息技术应用能力标准
教育部（2018）	《2018年教育信息化和网络安全工作要点》	提出启动实施新周期中小学教师信息技术应用能力提升工程，建设7个创新培训平台，以及启动面向中小学教师的信息技术应用能力发展测评指标研究和面向师范生的信息技术应用能力标准及培养模式研究
教育部（2018）	《教师教育振兴行动计划（2018—2022年）》	研究制定师范生信息技术应用能力标准，提高师范生信息素养和信息化教学能力

　　世界各地的教育政策制订者也根据本国的实际情况制订了相应的教师专业标准和教师能力标准。如联合国教科文组织的《教师信息和通信技术能力标准》、韩国的《教师ICT应用能力标准》等，并且还根据信息技术对教学的变革，不断修改完善甚至颁布新的教师信息化教学能力标准。例如美国政府不仅发布了《面向教师的美国国家教育技术标准（2008）》更新版，美国教育传播与技术协会还颁布了《AECT标准（2012年版）》，对职前教师的信息化教学能力发展提出了明确要求。

　　为适应信息技术给教育带来的影响，信息化环境下的教师应具备以下五种基本能力：

1.扎实的专业知识与教学能力

　　学生要达到较高的专业知识水平，就需要教师本身必须具备扎实的知识基础与过硬的教学能力，才能在教育工作中培育出更多的人才。教师必须要熟练地掌握本学科的专业知识以及教学法相关的知识，通过学习不断提升自己的文化素养。信息化环境下的教师不仅需要学科知识和教学知识，还需要信息技术相关的技术知识，并将这三种知识相整合，成为整合技术的学科教学知识（TPACK）。信息化环境下，应用信息技术优化课堂教学的能力为教师的基本要求，主要包括教师利用信息技术进行讲解、启发、示范、指导、评价等教学活动应具备的能力；应用信息技术转变学习方式的能力为教师的发展性要求，主要针对教师在学生具备网络学习环境或相应设备的条件下，利用信息技术支持学生开展自主、合作、探究等学习活动所应具有的能力。

2. 研究素养和综合实践能力

21 世纪的学生作为在信息化环境下成长起来的一代，他们获取知识的手段与方式都与过去的学生有着显著差异，学习风格也与以往学生的传统学习风格大相径庭，研究适应新时代学生学习的教学模式已成为现代化教育者们刻不容缓的要求。教师只有当自身同时具备研究素养和综合实践能力时，才能更好地培养学生的创新能力、科研能力和实践能力。首先，教师成为研究者，也是教师自身发展的要求。在提升教师研究素养的过程中，注重研究道德需摆在第一位。其次，教师需要关注问题意识、批判意识、反思意识、积累意识、成果意识和特色意识等六种意识培养的内容。教师的研究素养必须在实践活动中得到锻炼和提升，也只有在实践活动中才能体现和发挥出来。在实践过程中进行不断的锻炼，积累相关的知识和方法，获得更多的经验和体验。

3. 自我反思与总结能力

总结是一种发现问题并解决问题的手段。教师应该不断对日常开展的教学实践进行反思，在反思中提高自己的教学技能。信息技术的出现，一方面拓展了教师教学反思与总结的内容范围，将技术的应用纳入了反思与总结的内容中；另一方面技术构成了教师教学反思与总结的手段、途径、方式、方法和环境，为教师的教学反思与总结提供了更为有力的支持。

4. 表达与沟通能力

在技术应用的前提下，教师协作成为教师专业发展的重要特征。教师专业发展不再是单一教师的事情，而是要在教师协作中实现共同成长。教师之间的协作往往通过"专业实践共同体（COP）"实现，也可以通过有组织的校际教研活动或者帮扶实现，这要求教师具有良好的表达与沟通能力。信息时代注重交互，Web2.0 环境下出现了微博、博客等以互动交流为特点的平台，在供使用者之间进行交流分享的同时，也成为承载教育资源的新型工具。教师可以通过网络与在线平台和不同区域的专家学者之间进行交流，分享并学习教学知识与经验。

5. 自主学习和创新能力

教师可以通过高速互联网获取信息，并不意味着他们一定要成为跨越所有可能学科的内容专家，但要求他们必须要具有一定的自主学习能力。信息化环境下的教师在教学中，需要不断地进行自我完善学习，才能在教改中更为迅速地适应教学中的变化。与此同时，教师还必须具有创新能力，树立现代化的教育观念，开展教学研究，灵活运用现代信息技术进行教学，探索出新的模式和教学观念，让学生能更好地理解并对教育内容产生浓厚兴趣，从而转变学生的学习方式，从被动学习转变为主动学习。

四、信息化环境下教师专业发展途径

信息化环境下推动教师发展有多种途径，总体可以从提升教师职业素养、更新教师教学观念、加强专业知识与技术培训、完善教师岗位评价制度以及健全教师待遇保障机制等五个方面出发。

1. 提升教师职业素养

当前教师职业素养主要表现在职业道德、专业能力、教学和科研能力、日常管理能力以及心理素质等方面。信息化环境下的教师要能始终保持拥有良好的职业道德，坚持正确的教育教学理念和原则，拥有良好素养、品德和能力，多与学生进行交流沟通，了解学生的真实想法，尊重和理解学生，才能为社会培养出更多的具有良好品德的精英人才，这也是教师的基本职责和使命。信息化环境下的教师除了具备扎实的专业知识能力以及教育教学能力以外，还需要具备一定的信息素养，才能够抓住信息时代、数字化世界所带来的机遇。

2. 更新教师教学观念

信息时代下的教师需要更新教学观念，重新明确自己的角色定位，把学习的主动权交给学生，以培养学生适应社会的能力为目标。由原来单纯的讲授知识要点转化为开展基于情境创设、问题解决、协作指导等方式的教学活动，提倡合作学习，注重激发学生学习的内部动机，让学生在学习过程中自己寻找动力；开展个性化教学使每个学生都得到培养，让每个学生的潜能都能够得到最大限度的发挥；由以考查学生记忆知识多寡为主要评价方式转化为着重检查学生自主学习能力、思维方式等各项适应社会的能力素养。教师需明确教学活动除了传授知识内容外，还要激励和指导学生展开主动积极的学习，以使学生有效地取得学习成果，达到教学的认知、技能和情感态度目标。

3. 加强专业知识与技术培训

教师只有不断地提升自己的专业水平，才能使教学工作始终保持旺盛的生命力。随着网络互联的实现，学习需求在不断地变化，教学内容也在不断地更新，教师在过去所熟悉的一些学科知识可能会被退出教学计划，新的知识取而代之进入教材进入课堂，如果不进行知识的更新就难以胜任教学。在过去，要成为一名合格的教师，需要具备深厚的学科知识、过硬的语言基本功以及教学方法等相关知识。随着信息技术在教育中的逐渐普及，技术知识也逐渐为教师所必须具备。教师需要利用信息技术在教学内容和方法上进行开拓与创新。如通过开发和创作，把课程学习内容转化为数字化的学习资源；充分利用全球共享的数字化资源作为课程教学的素材资源，如将视频资料、音频资料、图像资料、文本资料等作为教师开发或学习创作的素材整合到与课程学习内容相关的电子讲稿、课件之中，整合到学习者的课程学习内容中；将利用搜索引擎检索出的专业文献、新闻报道与课程内容融合在一起直接作为学习对象，供学生进行学习、评议、分析、讨论等。信息化环境下对教师进行的培训，除了进行技能方面的培训和训练，更重要的是要引导教师掌握利用信息技术手段解决问题的方法，引导教师运用所学的方法去从事教育教学活动，进而提高教育教学的质量。

4. 完善教师岗位评价制度

为促进教师专业发展，必须要完善教师岗位职责和考核评价制度，对教学规范、教学运行、课堂教学效果、教学改革与研究、教学获奖等教学工作实绩进行多维度的考评。通过完善、公正的岗位评价制度，扭转重数量轻质量的科研评价倾向，鼓励潜心研究、长期积累，遏制急功近利的短期行为。将具有创新性和显示度的学术成果作为评价教师科研工作的重要依据，鼓励教师在教育教学和日常工作中主动应用信息技术。

5. 健全教师待遇保障机制

想要激发教师队伍的整体活力，除了培养教师职业精神以外还需要一定的物质激励，要让教师感到在学校里"留得住，待得好"。教育部部长陈宝生在"部长通道"上谈到教师队伍建设方面的话题时表示，要完善教师待遇保障机制，健全教师工资长效联动机制，确保中小学教师的工资不低于或高于当地公务员的平均工资收入，提高乡村教师的待遇，落实贫困地区教师的补贴政策。要把提高教师待遇、完善教师待遇保障落实到教师的心里面去"让他们脸上充满笑容"，让教师职业真正成为人人羡慕的职业。

信息化环境下的教学与传统教学存在着巨大差异。在信息化环境下，只有对教师的角色和职责有了明确清晰的定位，进而才可能对教师专业发展的内容提出具体要求，并在实践中指导专业发展活动的开展。

第三节　信息化环境下的教师教育技术能力

一、教师教育技术能力相关政策

（一）联合国教科文组织技术整合能力标准

2008年1月4日，联合国教科文组织在英国伦敦举行的一个国际会议上推出《教师信息和通信技术能力标准》（UNESCO ICT Competency Standards for teachers，以下简称《ICT-CST2008》标准），由教科文组织与思科、英特尔、微软公司、国际教育技术协会（International Society for Technology in Education）以及美国弗吉尼亚理工大学共同开发。教科文组织指出，仅仅为学校配备计算机等硬件不足以确保教师能够将必要的技能教授给学生，使他们在21世纪顺利地工作和生活。教师本身必须熟悉信息和通信技术，同时学校也应在课程设置、教育政策、教师培训等多方面促进通信技术的传播。

因此，这套能力标准中列出了教师应掌握的信息和通信技能，并就如何通过教学改革政策引导来促进教师掌握和应用这些技能提供了指导，以帮助世界各国的教育决策者和课程设置者了解在教学中利用通信技术对于教师能力的要求，并且为教师利用通信技术改善教学提供指导。教科文组织表示，《教师信息和通信技术能力标准》将有助于改善教学质量，为更好地培养信息时代的公民做出贡献，从长远来看有利于促进经济与社会发展。

在继承《LCT-CST208》标准的基础上，2011 年 11 月，联合国教科文组织推出《教师信息与通信技术能力框架》（UNESCO ICT Competency Framework for Teachers，以下简称《ICT-CFT2011》）框架，该框架以技术素养、知识深化、知识创造三大教学方式为一级框架，技术素养方式是通过在学校课程中整合技术提高学生、公民和劳动者使用新技术的程度。知识深化方式是通过应用所学知识解决真实工作、社会和生活问题的复杂问题，提高学生、公民和劳动者的能力。知识创造方式是通过让学生、公民和劳动者参与创造新知识来提高其能力。二级框架中对教师运用 ICT 进行有效教学所应具备的能力进行了描述，如表 1-2 所示。

表 1-2　三大教学方式下的教师能力整体描述

	技术素养下的教师能力	知识深化下的教师能力	知识创造下的教师能力
模块 1：理解教育中的 ICT	教师必须能熟知政策，并能清晰说明教室中的活动如何贯彻这些政策	教师应深入理解国家政策和迫切的社会需求，能够设计、修改和实施支持这些政策的课堂实践	教师必须理解国家政策的目的，能够参与到教育改革政策的讨论中，并参与到设计、执行和修改的计划中以便实施计划
模块 2：课程与评估	教师必须精通相关学科的课程标准、标准评价策略等方面的知识，除此之外，教师还必须能将技术整合到课程中	教师必须深入理解所授学科的知识，并能在各种情境下灵活运用。他们还必须能够创设复杂的问题，可用来测量学生对知识的掌握程度	教师必须了解复杂的人类发展，如认知、情感和生理发展。他们必须知道在怎样的情境下学习者可以更好地学习，必须预测并有能力解决学生遇到的各种问题，必须具备支持复杂过程的能力
模块 3：教学法	教师必须知道要在何时、何地、对谁，以及如何在课堂活动与授课中使用 ICT	教学以学习者为中心，教师以富有技巧的方式、有目的地开展教学，同时要设计问题任务、引导学生学习、支持学生的合作活动。在这个角色中，教师需要具备帮助学生创造、实施和监测项目计划和解决方案的能力。此外，教师还需要注重学习中的评价，并以此作为基本的原则来指导自己的实践	教师建模学习过程并创设情境让学生运用这些认知技能

	技术素养下的教师能力	知识深化下的教师能力	知识创造下的教师能力
模块4:ICT	教师必须知道基础的软硬件操作，以及办公软件、浏览器、通信软件、演示软件和管理应用软件	教师必须熟悉各种学科工具和应用程序，能够在各种基于问题或项目的情境中灵活使用这些工具与程序。学生在分析和解决所选定的问题时，教师应当能够使用网络资源来帮助学生合作、获得信息、与外部专家交流。教师应当能够使用信息与通信技术创建和监控学生个人与小组的项目计划	教师必须能够设计基于信息和通信技术的知识社区，并运用信息和通信技术来支持培养学生的知识创造技能及其持续的反思型学习
模块5:组织与管理	教师能在全班、小组、个人学习活动中使用技术，并确保每个学生都可获取资源	教师必须能够创建灵活的课堂学习环境，在这种环境中，教师必须能够整合学生为中心的活动，并且灵活地应用技术来支持合作	教师应能够发挥领导作用，培训同事并为之提供后续支持，建立和使用基于信息与通信技术的创新和持续学习社区
模块6:教师专业学习	教师必须具备使用技术在网络中获得更多的学科内容与教学法知识的技能和知识，来促进其专业发展	教师必须要有能力和知识创建和管理复杂的项目，与其他教师合作，使用网络去获取信息、与其他同事或外部专家联系来支持他们的专业学习	教师还必须具备能力、动机、意愿、鼓励和支持实验、持续学习和运用信息通信技术来创造一个基于知识创新的专业学习社区

（二）美国教师教育技术标准

美国 STE 组织是一个集合了超过 85000 个全球会员的、非营利性的专业组织，其宗旨是引领和服务"促进教育技术在教学和学习中有效运用"，为会员应对教育改革挑战提供信息、网络机会和指导。自 20 世纪 90 年代始，该协会就陆续制定了国家教育技术标准（NETS），如美国学生教育技术标准（National Educational Technology Standards for Students，以下简称 NETS-S）、美国教师教育技术标准（National Educational Technology Standards for Teachers，以下简称 NETS-T）、美国（教育）管理者教育技术标准（National Educational Technology Standards for Administrators，以下简称 NETS-A）等，对美国国内和全世界其他国家都产生了广泛而深远的影响。

随着时间的推移和社会的发展，美国国家教育技术标准也不断地得到修订，以适应信息时代的教育需求，引领信息化学习、教学、教育管理的潮流。其中的教师教育技术标准进行了多次修订，形成了 1993 年版、1997 年版、2000 年版、2008 年版四个版本，已成为美国进行教师职前培训的标准和教师资格认证依据之一。

2008 年，新修订的 NETS-T 涵盖五大能力维度和 20 个能力指标。新标准关注的是教师在一个日益数字化的时代里，如何提升学生有效学习的能力以及如何让学生富有成就地生活。为有效地把教育技术融入课堂，教师需要构建数字化学习资源与学习环境，将数字化工具和资源融入新的教学方法当中，更新数字化学习氛围下的课堂，开发对于个人和社会有积极发展意义的课程内容，鼓励个性发展，倡导协作学习，开展多样化评估方式，教师将以提升自己教学实践能力、促进教师专业发展的方式来最终实现教育技术在课堂上的有效整合以及对学生学习和创造力的提升。新标准将会给教育者提供一个框架以帮助他们在学习环境当中，完成由工业化向数字化时代的转变。具体内容如下：

（1）促进和激发学生的学习和创造性，即教师利用他们的学科知识教与学的实践经验和技术来促进那些能够提升学生学习的经验，从而在真实或虚拟环境中提升学生的学习、创造力与创新能力。

（2）设计和推动数字时代的学习体验和评估，即教师设计、推动和评价真实可信的学习经验，教师利用当代的工具和资源设计、开发和评价真实的学习经验和评估，使学习内容最优化，并发展学生的知识、技能和态度。

（3）示范数字时代的工作和学习，即作为在全球化和数字化社会中的一种创新职业的代表，教师应展示所具有的知识、技能和工作过程。

（4）促进和示范数字化公民和职责，即在不断发展的数字文化氛围中，教师要理解区域性和全球性的社会问题和职责，并在他们的专业实践中展现出合法的、道德的行为。

（5）参与专业发展和领导力建设，即教师用促进和示范有效利用数字工具和资源的方式来不断地提高自己的专业实践，示范终身学习并展示在他们学习和专业共同体中的领导能力。此外，美国教育传播与技术协会于 2012 年颁布的《AECT 标准（2012 年版）》主要是从知识内容、教学法内容、学习环境、专业知识与技能、教学研究等五大维度来制定具体的信息技术应用能力标准。强调教师对于教学材料的自主创造及对于学习环境的创新性建构，不再仅仅依赖于已有的多媒体教学资源或者网络教学资源，同时注重教师对教学资源与教学设施的合理使用与管理，及对于教学过程与教学效果的评价，并要求教师学会在评估的基础上提出新的教学策略与方法。

（三）英国教师在学科中运用信息技术的能力标准

英国《ICT 应用于学科教学的教师能力标准》是由英国教育与就业部等机构制定，英国教师培训署组织实施的英国中小学学科教师 ICT 能力的培训标准，该标准强调教师应具备应用 ICT 于学科教学的能力和使用 ICT 去支持教师持续的专业发展，这对当前英国各地开展的学科教师 ICT 培训的实践具有很大的借鉴意义。

在这个标准中，信息技术（ICT）不仅仅被界定为一个教学的工具，对于促进学生的学习具有非常重要的意义，更为重要的是在教师的培训和持续的专业发展方面，它都是一个非常重要的要素。在英国的国家学习网格（The National Grid for Learning）中，对于所有的教师来说，信息技术能够帮助他们树立信心，使他们有能力在学科教学中有效地应用 ICT，并能通过学习共同体来实现自己的专业发展。

ICT 培训的基本目标是让教师具备基本的信息技术知识、理解力和技能，在具体的学科教学中有效地应用 ICT，以及运用 ICT 去支持教师的专业发展。虽然这个标准适用于所有的教师，但他们在不同的学科和学段所具备的知识、理解力和技能是有差异的，因此，需要灵活运用，在标准中给出了一些例子来说明这一点。

该标准分两个部分来描述教师的能力，第一部分是有效的教学与评价方法，第二部分是教师的 ICT 能力。A 部分：有效的教学和评价方法。这部分着重于信息技术应用于课堂教学后的教学方法和评价方法，教师必须在课堂教学中采用本部分描述的方法和技能进行实践，然后与培训者和同伴讨论他们的进步。B 部分：在学科教学中使用 ICT 所必需的知识、理解力和技能。这部分着重于教师在学科教学中使用 ICT 所必需的知识、理解力和技能去支持教师在学科教学中必须具备这方面的能力。

（四）其他国家的信息技术标准

2007 年 1 月，为了应对 21 世纪教师专业化的挑战，顺应欧洲教育一体化的潮流，并推动本国教师职前培训制度改革，法国国民教育部颁布了《教师培训大学学院的教师培训管理手册》（Cahier des charges de la formation des ma tres en Institut Universitaire de Formation des Matres，以下简称《管理手册》），详细规定了中小学教师职前培训的目标和内容，提出强调了信息和通信技术对职前教师的重要性。《管理手册》列举了中小学教师应该具备的十项专业能力，每项能力又被细化为知识、技能和态度三个层面，其中第八项是使用信息与通信技术的能力，具体内容如下：

知识：教师必须掌握 C2i 二级水平的知识和使用 ICT 的权利和义务。技能：教师能够设计、准备和实施教育内容和学习情境；教授 ICT 使用的权利和义务；使用 ICT 工具、开放式教学和远程学习方式进行知识更新；使用协同工作的工具进行网络工作。态度：教师要批判性地使用获取的信息，对学生需要的互动工具的使用负责，在实践过程中注意不断更新知识和技能。

2009 年 12 月 22 日，俄罗斯教育与科学部出台了《第三代高等教育国家教信育标准（"师范教育"培养方向）——学士标准》（代码 050100），即《第三代教师教育国家标准（学士）》。后来进行了微调，2011 年 5 月 31 日通过了修订后的标准，并于 2011—2012 学年起开始实施。突出强调在教师教学中运用信息技术的改善教学质量的重要性。

俄罗斯第三代教师教育学士标准提出要培养大学生的十一种特殊职业能力素养：（1）教育教学活动领域的职业能力：能够实施各种教育机构基础课程和选修课程的教学大纲；具有利用现代教学方法和教学策略，包括利用信息技术的能力，以保障教育机构具体教育层次的教学和德育质量；能够利用现代方法预测学生的学业成就，在学生社会化和职业自我确定过程中实施教育援助，培养学生自觉选择职业；能够充分利用教育环境，包括信息环境的可能性，来保障教学—德育过程的质量；能够与关注教育教学质量的家长、同行、社会合作伙伴进行互动；能够组织学生之间的合作；能够在教学—德育活动和课外活动过程中保护学生生命安全和健康。（2）文化—教育活动领域的职业能力：包括利用现代信息技术和交流技术在内,能够为各类人群制订和实施文化—教育大纲的能力,能够与文化—教育活动的参与者进行专业化的互动,能够利用本国和外国的经验组织文化—教育活动,能够挖掘和利用区域文化教育环境的可能性来组织文化—教育活动。

(五)中国教育信息化标准

我国发布的与教育信息化相关的政策主要有《国家中长期教育改革和发展规划纲要(2010—2020 年)》《教育信息化十年发展规划(2011—2020 年)》《国家"十三五"规划纲要》《教育部关于推进教师教育信息化建设的意见(2002 年)》。在这些规划中,教师的信息技术应用能力提升被认为是破解教育信息化发展瓶颈、推进基础教育课程改革和促进教师专业发展的重要软实力。因此,国内制定了相关的教师信息技术标准。《中小学教师教育技术能力标准(试行)(2004 年)》,以及《关于实施全国中小学教师信息技术应用能力提升工程的意见(2013 年)》把对中小学教师的信息技术应用能力的要求提升到一个战略层面来实施,明确提出研制标准体系,而后相继出台了《中小学教师信息技术应用能力标准(试行)(2014 年)》(以下简称《能力标准(试行)》)等标准。

《能力标准(试行)》根据我国中小学校信息技术实际条件的不同、师生信息技术应用情境的差异,对中小学教师在教育教学和专业发展中应用信息技术的能力提出了基本要求和发展性要求。《能力标准(试行)》将教师信息技术应用能力分为技术素养、计划与准备、组织与管理、评估与诊断、学习与发展五个维度,侧重的是教师如何应用信息技术优化课堂教学以及如何应用信息技术转变学习方式。祝智庭等指出,应用信息技术优化课堂教学的能力为基本要求,主要包括教师利用信息技术进行讲解、启发、示范、指导、评价等教学活动应具备的能力;应用信息技术转变学习方式的能力为发展性要求,主要指教师在学生具备网络学习环境或相应设备的条件下,利用信息技术支持学生开展自主、合作、探究等学习活动所应具有的能力。这种面向差异的考虑为标准因地制宜的实施和执行奠定了基础。同时康玥媛等指出,《能力标准(试行)》在应用信息技术优化课堂教学和应用信息技术转变学习方式这两个方面以及技术素养、计划与准备、组织与管理、评估与诊断、学习与发展这五个维度分别提纲挈领地指出了中小学教师需具备的技术素养与能力,但该标准并未规定应掌握的具体技术、技能或软件、设备、仪器等,不便于实践中教师教学应用,也不便于对教师信息技术应用能力的考核评价与教师培训的实施。康玥媛等提出的中小学教师信息技术应用能力的因子结构模型及其因子、指标更利于教师有针对性地在课堂教学中有的放矢地应用相应技能,同时也便于进行信息技术技能训练以及教师培训和评价。比如,在常用办公软件及多媒体应用能力这一因子中,明确指出了应掌握的办公软件是 Word、WPS、Excel、PPT 等,相应要掌握的技能是对文档进行排版编辑、图文混排,能用相机、扫描仪等设备采集素材,能正确操作多媒体整合教育资源等;再比如在数据分析及数字化这一因子中,指出了建议掌握的软件是 SPSS 和 NVivo,相应的技能分别是定量的数据分析以及质性分析。本书的因子及其指标指明了仪器设备或软件及相应技能,更加具体微观。从促进教师能力发展的角度来看，新一轮中小学教师信息技术应用能力提升工程更加强调其实践性（教师运用信息化技能解决教学实际问题的能力）、发展自主性（教师利用信息化技能促进自身专业发展的内在动力的提升）、发展可持续性（教师利用信息技术支撑自身专业发展的连续性）。

而《能力标准（试行）》与"提升工程"关联紧密。广州市积极响应国家教育部门、省教育部门的号召，开启"广州模式"提升教师信息技术能力，申请并成为广东省五个试点地市之一。树立了"构建一套发展测评标准化体系，创建一个示范性网络研修社区，遴选一批优秀实践应用课例，培养一批中小学名师典型，打造一批示范校、示范区"的"五个一"目标，如表 1-3 所示。

表 1–3　五个试点区特色

试点区	特色
越秀区	基于网络平台开展"三联六合"教师教研模式
海珠区	科研引领，结合"海教通"的应用，开展跨校课题研究、混合培训模式
荔湾区	科教研结合，尝试基于信息化环境"二元五次"常态课协同研训模式
天河区	建立线上线下结合以自组织为特征的校本研修组织模式，建立特色课程
增城区	纳入层级考核，从制度层面突破创新；利用继教网网络平台有效地开展边远农村学校及民办学校教师网络研究与校本研修相结合的混合培训

全市围绕"五个一"目标积极落实各项工作，加强项目研究、汇聚优质资源、开展培训测评与自主选学、深耕网络研修与校本应用，创新实施、分步推进，形成了一定特色，助力广州教育现代化，提升基础教育质量，争创全国示范。广州市施行"教师信息技术应用能力提升工程"两年，共有 128988 名参训教师，2000 余学时培训课程，1679 个工作坊，十余万教师参照"一师一优课晒课"标准提交了研修作业。

（六）总结

美国《国家教师教育技术标准》（《NETS-T2008》）和联合国教科文组织《ICT-CFT2011》框架，在信息技术应用能力方面，均有较高的目标引领。《NETS-T2008》立意于数字化学习时代中运用技术真正变革教育，以促进学生学习、促进学生创造力发展为价值取向。《ICT-CFT2011》框架立意帮助成员国开发教师教育技术标准及相关政策，以提高教育质量、缩小贫富差距为价值取向。我国《中小学教师信息技术应用能力标准（试行）》的研制则立意于充分利用信息技术优化课堂教学、转变学习方式，以支持优质的创新的课堂实践与个性的、灵活的学生学习为价值取向。

二、教师教育技术能力培训相关项目

（一）国培计划

国培计划是落实全国教育工作会议和教育规划纲要启动的第一个教育发展重大项目，是建设高素质专业化教师队伍的一项重大举措。

基于项目的中小学教师信息技术应用能力培训是目前常见且富有成效的培训方式，目前有关的培训项目有以下几个，各个项目的实施时间如表1-4所示。其中，教育部—英特尔®未来教育中小学教师培训项目、全国中小学教师教育技术能力建设计划项目具有广泛的影响力，全国中小学教师信息技术应用能力提升工程项目为新一轮的中小学教师信息技术应用能力培训项目。教育部整合信息技术应用能力相关培训项目，发挥示范引领作用，推动"英特尔未来教育""微软（中国）携手助学""乐高技术教育创新人才培养计划""中国移动中小学教师信息技术能力国家级培训"等项目与各地教师培训的融合，通过提供课程资源、培训骨干培训者和共建培训平台等方式，扩大优质资源辐射范围。

表1-4　我国中小学教师信息技术能力培训项目实施时间

序号	项目名称	时间段（单位：年）			
		2000—2004	2005—2009	2010—2014	2015—2019
1	教育部-英特尔®未来教育中小学教师培训项目	2000年启动，持续至今			
2	教育部-微软（中国）携手助学项目	2004—2008 第一期 2009—2013 第二期			
3	全国中小学教师教育技术能力建设计划项目	2004—2007			
4	教育部-乐高技术教育创新人才培养计划项目			2010—2014 第一期 2015—2019 第二期	
5	教育部-中国移动中小学教师信息技术能力国家级培训项目			2012—2015	
6	全国中小学教师信息技术应用能力提升工程项目等			2013—2015	

（二）教育部－英特尔®未来教育中小学教师培训项目

英特尔未来教育（Intel teach to the future）项目，是英特尔公司为支持计算机技术在课堂上的有效利用而设计的一个全球性的教师培训项目。自2000年起，英特尔公司与教育部合作，在中国启动教育部—英特尔未来教育中小学教师培训项目（以下简称"英特尔®未来教育项目"），成为在中国开展的规模最大的国际合作教师培训项目。

2003 年，在教育部师范教育司的组织下，英特尔®未来教育项目在全国 10 所师范院校开始对师范生进行培训。至 2008 年 12 月底，逾 100 万名中小学一线教师和师范生参加了"英特尔®未来教育"核心课程的培训，该项目在很大程度上提高了信息技术在课堂上的有效应用，对推动中国的教育信息化和教师专业化发展发挥了积极作用。"英特尔®未来教育"核心课程项目于 2006 年正式纳入教育部"中小学教师教育技术能力建设计划"。该项目的目标是对一线的学科教师进行培训，培训教师有效开展探究性学习，并能将计算机技术与网络技术合理地融入教学，最终提高学生的学习成效。该项目采用面授和在线等多元化培训模式，以信息化环境下的教学设计与实施为主要内容，指导教师在教学中有效使用现代教育技术，推动教师专业化水平的提高和教学行为的转变。

2013 年，英特尔®未来教育项目正式纳入教育部全国中小学教师信息技术应用能力提升工程。2014 年《中国教育报》报道英特尔副总裁、英特尔中国执行董事戈峻表示，经过十多年的探索，英特尔未来教育项目在提升教师信息技术应用能力形成培训、应用、研究一体化的培训模式时，特别强调应用，鼓励教师在信息化教学应用过程中积极开展教学研究，最终实现专业化发展。

英特尔中国教育总监朱文利表示，政策支持、团队建设等也是推动教师应用信息技术的重要途径。未来教育项目与邯郸的合作就是其中代表之一，通过有效的顶层设计，充分利用政策支持、团队建设的作用，将培训纳入骨干教师评选标准，通过行政力量、专家团队的推动，实现了将培训有效延伸到课堂实践。

由此可见，英特尔未来教育项目的实施，不仅是一种新的教育理念和教育技术的输入，更重要的是为我国当前正在进行的素质教育改革提供了一种新思路。

（三）教育部-微软（中国）携手助学项目

2003 年，为尽快地缩小由于地方经济发展的不平衡而带来的数字鸿沟，实现信息技术在基础教育中的充分应用，教育部和微软（中国）有限公司在北京签署了"中国基础教育信息化合作框架"协议，启动了教育部—微软（中国）携手助学项目，携手相关的教育机构、教育工作者，以信息技术促进教育理念的变革和教学法的创新，推动中国基础教育的信息化发展。根据该协议，在教育部的指导下，微软提供资金支持，从师资培训与技能培养、农村中小学现代远程教育，以及教育信息技术管理培训等具体项目的实施探索信息技术和学科教学的整合。设定了三个目标：缩小数字鸿沟，让更多的人，特别是农村地区的人们享受到信息技术带来的好处；推动信息技术在基础教育中的应用；以信息技术促进教育理念的变革和教学方法的创新。

此项目在基础培训中采用了"集中学习+DVD 光盘自学+学习网站支持"的模式，在中级培训中采用了"基于网络环境的课堂面授+网上教学服务平台"的模式，在高级培训中采用了"高级研讨、国际交流+相应的网络课程"的模式。混合式学习培训模式能发挥培训主讲教师在培训过程中的主导作用，也能体现受训学员作为培训过程主体的主动性、积极性与创造性，是目前教师培训中较为新颖的模式。

2003 年 11 月，微软（中国）有限公司和教育部签署了"中国基础教育信息化合作框架"协议。在这一协议的框架内，微软（中国）与教育部基础司一起启动了"百间计算机教室"项目，为 100 所学校建设计算机教室和多媒体教室。"基础教育信息化"进一步提升了我国中小学的教育水平和质量，共享丰富的教学和学习资源，缩小城乡差距。

此项目在做好教育信息化基础设施建议的同时，开展了一系列促进信息技术应用的活动，信息技术创新应用主题活动的主要目标是通过一系列的培训和应用评比活动，鼓励教师利用信息技术实现教学方法的创新，在教学实践中促进教师信息和传播技术能力水平的提高，促进学生学习效果的提高。最大限度地发挥教育信息化投资效益，这是值得同类项目借鉴的。项目总结出了计算机教室建设时的实用性和代表性。这些成功的经验和总结为国家实施"农村中小学现代远程教育工程"项目提供了很好的参考和借鉴。

2008 年，教育部和微软公司签署了该项目二期的合作协议。继续支持中国教育信息化、教育研究水平的发展及人才培养。二期合作主要围绕创新教师、创新学校和创新学生三个方面展开。二期创新教师培训项目旨在充分发挥微软的技术优势，以《中小学教师教育技术能力标准（试行）》为依据，配合全国中小学教师教育技术能力建设计划的实施，通过教育技术培训有效提高中小学教师教育技术应用能力，促进技术在教学中的有效运用，提高广大教师实施素质教育的能力和水平。

（四）全国中小学教师教育技术能力建设计划项目

2004 年，教育部印发《中小学教师教育技术能力标准（试行）》，配合基础教育课程改革。2005 年，教育部启动实施全国中小学教师教育技术能力建设计划（TET），组织开展以信息技术与学科教学有效整合为主要内容的教育技术培训。提高教师教育技术应用能力，促进技术在教学中的有效运用。实施 TET 计划的目标主要体现在三个方面：一是依据《中小学教师教育技术能力标准（试行）》，在 2005—2007 年间，利用多种途径和手段，组织全国中小学教师完成不低于 50 学时的教育技术培训，使中小学教师教育技术应用能力显著提高。二是建立中小学教师教育技术能力水平培训和考试认证制度，形成全国统一规范的教师教育技术能力水平培训和考试认证体系，使全国中小学教师参加国家统一组织的教育技术能力水平考试；同年印发《中小学教学人员（中级）教育技术能力培训大纲》和《中小学教学人员（初级）教育技术能力培训大纲》，计划在 2005—2007 年间组织开展以信息技术与学科教学有效整合为主要内容的教育技术培训，建立教师教育技术培训和考试认证体系，全面提高广大教师实施素质教育的能力水平。三要逐步将教师应用教育技术的能力水平与教师资格认证、教师考核和职务晋升相挂钩，形成鼓励广大教师不断提高自身教育技术应用水平的动力机制。截至 2012 年年底，培训中小学教师 600 余万人。

（五）教育部－乐高技术教育创新人才培养计划项目

教育部—乐高技术教育创新人才培养计划项目于2010年正式启动。该项目计划从2010—2014年在全国范围内选出400所中小学开展创新教育合作，乐高教育成功地为全国百所中小学校建设了科学探究实验室、通用科学实验室，并提供乐高教育器材，数以千计的教师与学生受益于该项目。创建技术教育创新人才培养示范基地，采用创新教育模式培养教育学科教师，为创新教育在全国的展开奠定基础。2014年9月，教育部与丹麦乐高集团共同启动2015—2019年技术教育创新人才培养计划项目，在此前教育器材和师资培训的合作基础上，乐高教育将通过教育部向全国幼儿园至高等学府引入乐高集团最核心的先进创新教育理念，以提高学生的动手能力、培养学生的创新意识为核心将乐高教育理念与当前基础教育课程教学改革和国家创新人才培养等重点工作相结合，探索乐高在育人方面的积极作用。组织丰富多样的教学应用、教师培训、学生活动、交流研讨等，并将师资培训拓展至多学科领域，为我国创新教育和STEAM教育的开展提供更深入的全方位支持。

乐高教育莉娜·弗雷斯（Lene friis）表示："乐高教育认为，学生运用所有感官去学习时，效率是最高的，但是很多学生的创造力、沟通能力和批判性思维等能力还未充分发挥，所以我们希望通过与中国教育部基础教育二司的进一步合作，让一线更多教育工作者和学生受益于乐高在创新能力培养方面的深厚积淀。"根据项目规划，2015—2019年五年间，乐高教育将在创新学习方面给予中国师生更多支持，一方面使投入的教育物资和项目器材能够更加有效地发挥应有成效，另一方面组织开展更多适应中国教育实际的课程教学和创新活动。

乐高教育为全世界的教师和学生提供内容丰富、具有挑战性、趣味性和可操作性的学习工具和教学解决方案。乐高教育不仅包含教材，更重要的是为教育工作者提供基于乐高创新精神的教育解决全案，并提供培训支持。教育部选择乐高集团作为首个国际项目合作伙伴，正是期望通过引入乐高创新教育产品，全面深化并促进新课程改革的持续健康发展，以适应新时期教育发展的新要求。

2016年9月9日，由教育部全国中小学教师信息技术应用能力提升工程执行办公室主办，乐高（上海）公司、广东第二师范学院承办的教育部—乐高"创新人才培养计划"2016年度教师培训项目专家备课会议在广东第二师范学院成功召开。教育部—乐高"创新人才培养计划"教师培训项目是根据《教育部关于实施中小学教师信息技术应用能力提升工程的意见》（教师〔2013〕13号）和教育部、乐高集团及乐高基金会签署的《中华人民共和国教育部与乐高集团及乐高基金会关于"技术教育创新人才培养计划"的合作备忘录》精神总体部署，采用创新模式培养中小学及幼儿园教师创新教育能力的国家级培训项目，通过教师培训项目的实施，提升教师的信息技术应用能力，改进教学方式，引导学生开展自主、合作、探究学习。根据项目计划，引进国外高水平课程资源、建设有乐高特色的教师培训平台，扩大教师培训规模，到2019年，再完成8万名中小学幼儿园教师专项培训，使受训教师总数达到 10 万名。

丁立教授明确提出这次培训项目的三个要点："要聚焦到 21 世纪技能，聚焦到 STEAM，聚焦到国家核心素养；要基于教材，但不能被教材束缚，要挖掘学生的创造型思维；不能与课程标准脱节，要将它本土化。"同时，谷岳做了进一步说明："教育部—乐高'创新人才培养计划'2016 年度教师培训项目是以教育部颁布的《3—6 岁儿童学习与发展指南（试行）》及中小学新课程标准为依据，采用乐高教育理念所提倡的'联系—建构—反思—拓展'4C 教学模式，依托符合学生年龄特征的乐高教具，通过教学活动探讨、课堂实践搭建、教学案例观摩、软件技术学习等方式，引导教师实现乐高课堂教学模式的自我建构，旨在在全国范围内培养一批乐高项目骨干教师。"

2016 年 9 月 20 日，教育部 - 乐高"创新人才培养计划"2016 年度全国骨干教师研修班在广东第二师范学院顺利开班。来自全国 13 个省份共 200 多名中小学骨干教师参加了本次培训。整体来看，项目培训取得了良好的效果，目前已有幼儿园及小学将乐高课程纳入学校的日常教学中，将创新教育与技术教育理念真正落实到一线课堂中。

（六）教育部—中国移动中小学教师信息技术能力国家级培训项目

从 2012 年起，教育部开始实施教育部 - 中国移动中小学教师信息技术能力国家级培训项目。项目内容包括信息技术能力培训教材开发、教师信息技术能力培训、特岗教师学习平台建设等内容，计划在 2012—2015 年间，对 20 万名中小学教师进行专项培训，帮助教师提高信息技术能力，提升学校信息化管理水平，促进信息技术与教育教学的深度融合。

（七）全国中小学教师信息技术应用能力提升工程项目等

2013 年，为贯彻落实国家教育信息化总体要求，充分发挥三通两平台效益，教育部教师工作司计划将目前正在实施的中小学教师教育技术能力建设计划、英特尔未来教育项目、微软（中国）携手助学项目、乐高创新人才计划、中国移动信息技术教师培训等项目进行整合，全面提升教师的信息技术应用能力。2013 年 10 月，教育部决定实施全国中小学教师信息技术应用能力提升工程，从制定教师信息技术应用能力标准、采用新型教师培训模式、制定教师信息技术应用能力培训大纲、实施教师信息技术应用能力国家级培训、整合国际国内教师信息技术应用能力培训合作项目、推动各地开展教师信息技术应用能力全员培训六个方面对教师进行信息技术能力专项培训，重点提高教师的信息技术基础能力、教育技术能力、技术支持的学科教学能力、技术支持的教师专业发展能力，促进信息技术与学科教学的深度融合，全面提升教师教育教学能力和水平。到 2020 年，对全国 1000 多万名中小学教师进行不少于 100 学时的专项培训。

2014 年，教育部分别印发了《中小学教师信息技术应用能力标准（试行）》，根据我国中小学校信息技术实际条件的不同、师生信息技术应用情境的差异，对教师在教育教学和专业发展中应用信息技术提出了基本要求和发展性要求。同年印发了《中小学教师信息技术应用能力培训课程标准（试行）》和《中小学教师信息技术应用能力测评指南》，对本次中小学教师信息技术应用能力培训课程设置及中小学教师信息技术应用能力测评给出了方向性指导。

整个项目由四级培训管理体系与分类、分层、分岗、分学科的培训教学体系构成。四级管理体系自上而下分别是教育部、各省（自治区、直辖市）教育行政部门和相应的项目执行机构、各地（市）教育行政部门和相应的项目执行机构、各中小学行政部门和相应的项目执行机构。整个项目由教育部统筹，各省（自治区、直辖市）教育行政部门根据本省的实际情况统筹规划，成立省级项目执行机构，专门负责项目的整体规划与实施。根据信息技术环境下教师的学习特点和中小学教师信息技术应用能力的基本现状，中小学教师信息技术应用能力培训，采取集中研修、网络研修、校本研修相结合的方式开展培训，形成了分类、分层、分岗、分学科的培训教学体系。省级项目执行机构负责在全省范围内遴选学科专家、培训专家及网络课程与平台开发专家，组建省级提升工程专家库；遴选各级教育行政部门和教师培训机构管理者、学科骨干培训者或教研员、校长等建立省、市、县级培训者队伍；制订培训课程的建设机制、评审机制及使用机制。各地市提升工程市、县项目管理者、中小学校长、骨干教师、教研员由省统一组织安排，采取集中研修与网络研修相结合的方式进行，中小学学科教师全员培训由各地市、县（区）组织，采取网络研修与校本研修相结合的方式；不具备网络条件的农村学校，采取送教下乡或送培到校的方式。

三、教师教育技术能力培训方式

《教育部国家发展改革委财政部关于深化教师教育改革的意见》指出，实施卓越教师培养计划，推进教师培养模式改革，建立高等学校与地方政府、中小学（幼儿园、中等职业学校）联合培养教师的新机制，发挥好行业企业在培养双师型教师中的作用。支持师范大学与综合大学、科研院所行业企业、地方政府及国外教育科研机构深度合作，建立教师教育协同创新中心。推进高等学校内部教师教育资源的整合，促进教师培养、培训、研究和服务一体化。积极推进"4+2"中学（中等职业学校）教师培养模式，完善小学和幼儿园教师全科培养模式，创新教师培训模式。适应教学方式和学习方式的变化，重点采取置换研修、集中培训、校本研修、远程培训等多种有效途径，大力开展中小学（幼儿园）特别是农村教师培训，不断增强培训的针对性和实效性。推动信息技术与教师培训深度融合，建立教师网络研修社区促进教师自主学习。鼓励有条件的地区开展教师海外研修。

《教育部关于实施全国中小学教师信息技术应用能力提升工程的意见》指出，各地要根据信息技术环境下教师的学习特点，有效利用网络研修社区推行网络研修与现场实践相结合的混合式培训；强化情境体验环节，确保实践成效，使教师边学习、边实践、边应用、边提升；建立学习效果即时监测机制，确保培训质量。坚持底部攻坚，积极推动网络研修与校本研修整合培训，建立以校为本的常态化培训机制。推行移动学习，为教师使用手机、平板电脑等移动终端进行便捷有效的学习提供了有力支持。加强薄弱环节，采取送教下乡和送培上门等方式，为不具备网络条件的农村教师提供针对性培训。

按照教育部的总体部署，教师信息技术应用能力培训主要采用混合式的培训方式进行，按照培训需求，将集中研修、网络研修、校本研修（送教下乡、送培上门）、混合研修等方式有效结合，进而开展相关培训。

（一）集中研修

集中研修又叫作集中面授培训，是指在各省、市相关机构的组织下，采取集中面授的形式对符合遴选条件的教师进行面对面的培训，培训活动包括主题讲座、线下协作活动等。例如，"国培计划（2014）"——示范性网络研修与校本研修整合培训项目的培训管理者集中培训，遴选一批培训管理者开展了为期五天的集中培训，培训包括专题讲座、问题研讨、案例学习、实践操作等环节。

（二）网络研修

网络研修又叫作网络远程培训，是一种以网络为基础开展的教研培训活动。一般的网络研修活动都是在各省、市相关管理机构的组织下，参加培训的教师登录指定的网络研修平台开展研修活动，收看培训课程，研读学习材料，利用网络其他学院和专家交流研讨。网络研修一般对教师的学习时长、学习内容都有详细的规定。例如，广东省中小学教师教育技术应用能力建设项目中级培训全程采用远程培训方式进行。学员需按时、独立学习网络课程中各模块学习内容，每期学习时间40天。

（三）校本研修

校本研修又名校本培训，是基于学校的一种教师研修方式，其研修地点为教师工作实践的主要场所——学校，教师不必脱离工作岗位，转换角色，就在学校接受全面的研修；校长和教育教学的中层组织在研修中起主体作用，是研修活动的发起者和组织管理者，同时也是学习者。校本研修提倡因校制宜地制订校本研修的方案、计划，以需定训，以求定训，从而保证校本研修的针对性和实效性。借助信息技术优势，某些校本研修也建立了专门的网站以满足本校教师技术支持下的培训需求，如校本研修网。

（四）混合研修

随着培训观念的转变，单一的培训方式已不能满足教师的培训需求，因此，混合研修应运而生。混合研究又叫作混合式培训，是指在一项培训活动中，同时采用多于一种的培训方式，通常为线上线下相结合的混合培训模式，如国培计划（2014）——示范性网络研修与校本研修整合培训项目，采用了网络研修和校本研修两种培训方式。晋江市教育局开展2014年中小学教师教育技术能力初级培训采用集中面授与远程学习相结合的方式。面授时间为一天，由项目专家担任主讲；远程培训时间为 35 天，主要依托福建省中小学教师远程培训中心（海西教育网）和市教师进修学校，进行网络培训。

四、教师教育技术能力内涵发展

教师队伍建设是教育信息化可持续发展的基本保障，信息技术应用能力是信息化社会教师必备的专业能力。我国针对中小学教师的信息技术培训从"九五"期间就已开始，总结起来大致可分为三个阶段：操作式培训阶段、案例式培训阶段、项目式培训阶段。

操作式培训阶段是中小学教师信息技术培训的初始阶段，主要是让教师学习一些应用软件的基本操作，培训方式是针对应用软件进行的基本技能学习和训练，这一阶段的培训，一般使用关于应用软件操作说明的系列教材，针对软件的菜单操作和界面操作进行学习。当具备了一定的软件操作基础后，为了增强教师应用技术解决教学问题的能力，中小学教师信息技术培训进入了案例式培训阶段，开始出现案例式的软件教学方法，即汇集应用软件的多个功能，设计出一个具体的案例，学习者在完成具体案例之后掌握所包含的操作技能。项目式培训阶段统一以项目形式实施，融合了信息技术和学科课程领域的双向学习需求。

（一）教育技术能力阶段

教师专业化发展是国际教师教育改革的必然趋势，受到众多国家的重视，教师学习与发展以及教师专业标准建设也是近年来中国教育研究关注的热点问题。

随着信息化时代的到来、教育信息化的发展以及基础教育课程改革催生了教师教育技术能力新要求，教师通过运用现代信息技术逐渐适应信息化环境下的课堂教学，以促进其专业发展。我国教育部在 2003 年 4 月正式启动中国中小学教师教育技术能力标准研制项目；2004 年 12 月，正式发布《中学教师教育技术能力标准（试行）》（以下简称《能力标准》）。时至今日，教师教育技术能力的相关研究已有十余年，并且随着《能力标准》的正式颁布，为后来的研究提供了规范性指导，这一主题也受到较多的关注。

1. 教育技术能力的内涵

教育技术能力是随着科学技术的进步以及信息技术在教育教学中的广泛应用，逐步提出的对教师、学生、管理者等角色的一种素质要求，即作为生活在信息时代的人，在教育信息化环境下的工作者，应该具备一定的教育技术能力和素质，以更好地完成学习、教学和管理工作。我们这里所说的主要是针对教师的教育技术能力，是针对幼儿教师、中小学教师、高校教师、职前教师、师范生等对象。《现代汉语词典》对"能力"一词的定义为：能胜任某项工作或事务的主要条件。一般分为一般能力与特殊能力两类，前者指大多数活动共同需要的能力，如观察力、记忆力、思维力、想象力、注意力等；后者指完成某项互动所需的能力，如绘画能力、音乐能力等。从这里可以看出，教育技术能力应该属于后者，即特殊能力。教育技术能力只是教师教学能力的一个组成部分，西方学者认为，教师的教学能力主要有传授知识的能力、组织教学的能力和课堂管理能力等。我国学者孟育群认为，教师的教学能力主要包括认识能力、设计能力、传授能力、组织能力和交往能力，其中，传授能力主要包括教师的语言表达能力、非语言表达能力、运用现代教育技术的能力。教师除了具备常规的教学能力，还应具备在信息化教学环境和社会中胜任教学与学习的新能力——教育技术能力。由于语言和文化的地域差异，有的国家将教育技术能力译为信息技术能力或信息通信技术能力。在我国使用教育技术能力一词的较多，因为它的内涵和内容更加广泛，不仅包括技术操作上的能力，还包括信息技术应用能力以及将信息技术整合到课堂教学、教育管理、教育评价等过程的能力。综上所述，教育技术能力是现代信息社会对教师提出的要求，是教师教学能力的组成部分之一，并且随着教育信息化的深层次变革，教育技术能力在教师教学能力中的地位会日渐凸显，成为一种重要的能力素质要求，并对教师其他专业能力的影响也越来越大。

2. 教育技术能力标准

教育技术能力标准是衡量教育技术能力的准则，有了教育技术能力标准，教师的教育技术能力培养方式、培训内容就有了依据和参考。教育技术能力标准以美国的研究最具代表性，美国国际教育技术协会（以下简称"ISTE"）在 1993 年就制定了《国家教师教育技术标准》，经过两次修改，在 2008 年 6 月，正式发布了《面向教师的美国国家教育技术标准》（第 2 版）。在最新版的教师教育技术标准中，共有五个维度和 20 项指标。新版的教师教育技术标准中，共有五个维度和 20 项指标。这五个维度如下：一是促进学生学习、激发学生创造力；二是设计、开发数字化时代的学习经验与评估工具；三是树立数字化时代学习与工作的典范；四是提升数字化时代的公民意识与素养，为学生树立典范；五是参与专业发展，提升领导力。

我国制定的中小学教师教育技术能力标准从四个维度展开，这四个维度如下：一是应用教育技术的意识与态度；二是教育技术的知识与技能；三是教育技术的应用与创新；四是应用教育技术的社会责任。2010 年 9 月，由全国高校教育技术协作委员会公布的《国家高校教师教育技术能力指南（试用版）》将高校教师的教育技术能力细化为五个维度、17个一级指标和 54 个二级指标。这五个维度分别为意识与责任、知识与技能、设计与实施、教学评价、科研与创新。面向中小学教师、高校教师的教育技术能力标准（指南）的制定已基本完成。教育技术能力标准面向不同的对象，其内容与等级也有所不同，并且标准的内容也不是一成不变的，而是随着理论和技术的发展以及教学的实际需要不断做出修订。美国的教育技术标准是面向教师、学生与学校管理者等三个群体，这三者是相辅相成、互为支撑的。美国的《面向教师的国家教育技术标准》是在《面向学生的国家教育技术标准》颁布之后施行的，教师的教育技术能力标准的内容与指标是依据学生的教育技术标准而制定的，充分体现了教师掌握教育技术能力是为了学生发展服务的宗旨。这点是我国教师教育技术能力标准制定与研究所欠缺的。

　　教育技术能力是教师专业能力的组成部分之一，教师应用教育技术的能力与水平是影响教育信息化发展的核心。随着信息技术的发展与课程改革的不断深化，教师的教育技术能力要在课堂教学实践中得到充分体现，与课堂教学融为一体，这就要求教师必须具备较高的教育技术能力。随着《能力标准》的颁布，关于教育技术能力的研究逐年增加，且面向的对象呈现多元化趋势，从高校教师到中小学教师再到师范生、免费师范生、幼儿教师等多元化的研究主体。从标准内容的解读、国外经验的借鉴到有效培训模式的构建，教育技术能力的相关研究从理论探讨转向实践应用，注重培训效果的提升。对教育技术能力的关注不再仅局限于教育技术学领域，也开始引起教育学其他学科领域学者的认同和研究，如学前教育领域中对幼儿教师信息素养的研究等。但同美国相比，我国的教育技术能力研究与实践还存在较大差距，我国出台的教师教育技术能力标准直接借鉴了美国《国家教师教育技术标准》。美国的教育技术标准是一个完整的系统，除了面向全体准教师的教育技术能力标准，还针对学前教育、小学、初中、高中各阶段教育技术与英语语言艺术、数学、科学和社会等各学科的整合提供丰富的学习活动案例，这些案例以课程标准和教育技术标准两个标准体系经纬互见、交叉编码，为教育技术能力标准的实施提供了可操作性。

　　而我国的《能力标准》颁布已有十余年，并没有随着信息技术的新发展和教学环境的变化做出适当的调整，也没有建立起丰富的教育技术与课程整合的案例，使一线教师在实践操作中没有明确的引导。教育技术能力与标准是衡量教师信息素养的重要指标，对深化教育信息化有重要的促进作用。对教育技术能力研究的可持续发展需要我们在今后对《能力标准》做出新的修订与完善，不仅更具规范性和可操作性，更能适应地区差异；要加强高等学校等研究机构与一线教师的合作，逐步构建起丰富有效的教育技术与课程整合的活动案例库，为一线教师提供直接指导；同时教育技术能力标准并不是孤立的，它要在课堂教学中得到充分的体现。因此，我们对教育技术能力的研究要结合课程改革与相应的课程标准进行创新融合，使教师在教学中能够适当地使用技术工具，做到把技术作为促进学习的工具融入课程教学中来，让课堂教学同时符合课程与教育技术两个标准。

　　回顾十多年间我国教师教育技术能力的研究成果是为了更好地认识当前存在的主要问题，为了更好地促进信息时代教师的专业发展。教育技术能力是教师专业发展的一个组成部分，在肯定它对教师专业发展的同时也要充分意识到信息技术对教师专业发展的负面作用和影响，只有充分认识信息技术对教育教学的利弊，才有可能发挥教育技术的正面作用，从而促进教师的专业发展。

（二）信息技术应用能力阶段

　　教育部在 2015 年 9 月 1 日发布了《关于"十三五"期间全面深入推进教育信息化工作的指导意见（征求意见稿）》，文件指出，在云计算、大数据、物联网、移动计算、3D打印等新技术不断涌现、教育信息化整体水平不断提高的背景下，要大力提升教师信息技术应用能力，拓展教师适应信息时代需求的教学能力和学习能力。为全面提升中小学教师信息技术应用能力，教育部在 2013 年 10 月 25 日发布了《教育部关于实施全国中小学教师信息技术应用能力提升工程的意见》（以下简称《提升工程》），决定实施全国中小学教师信息技术的应用能力提升工程。随后，2014 年 5 月 27 日，教育部印发了《中小学教师信息技术应用能力标准（试行）》[以下简称《能力标准（试行）》]，根据我国中小学校信息技术实际条件的不同、师生信息技术应用情境的差异，对教师在教育教学和专业发展中应用信息技术提出了基本要求和发展性要求。依据该标准，教育部在同年 5 月 27 日印发了《中小学教师信息技术应用能力培训课程标准（试行）》（以下简称《课程标准》），对中小学教师信息技术应用能力培训给出了方向性指导。为规范指导各地组织实施教师信息技术应用能力测评，教育部于 2014 年 7 月 7 日发布了《中小学教师信息技术应用能力测评指南》（以下简称《评测指南》）。《2016 年教育信息化工作要点》指出深入实施全国中小学教师信息技术应用能力提升工程。随着"两标准一指南"等（《能力标准（试行）》《课程标准》以及《评测指南》以下统称两标准一指南）相关配套政策密集出台，全国范围内新一轮中小学教师信息技术应用能力培训开展得如火如荼。

《能力标准(试行)》对中小学教师的信息技术应用能力提出了基本要求和发展性要求，是规范与引领中小学教师在教育教学和专业发展中有效应用信息技术的准则，是各地开展信息技术应用能力培训、应用和测评等工作的基本依据。《能力标准（试行）》的研制是一项谨慎而严肃的工作，从标准研制到出台，参与专家达到 193 人次，核心专家组研讨会 18 次，资深专家咨询会 2 次。在不同阶段参与调研的中小学教师、学科专长教师、教研员、学校校长计 9916 人。凝聚众多专家的集体智慧，专家组提炼出本能力标准的三项定位原则：聚焦专项、面向应用、关注差异。

（1）聚焦专项。在此标准中，中小学教师的信息技术应用能力定义为中小学教师运用信息技术改进其工作效能、促进学生学习成效与能力发展，以及支持其自身持续发展的专业能力，将它作为教师专业能力子集的范畴界定更加清楚。我国 2004 年颁布的中小学教师教育技术能力标准，将教学系统设计等能力集纳其中。而在信息技术应用能力中，特别强调不采用信息技术手段开展教育教学所应具备的教师专业能力不在本标准覆盖范围内，由此可以看出，通过能力标准帮助教师聚焦专项、重点突破的意味十分明显。

（2）面向应用。在此次参与标准研制的专家中，教育技术专家占 54%，教师培训专家占 14%，一线教师教研员占 23%，学科专家占 9%。可以看到学科专家、一线教师、教研员占有相当高的比例，这为能力标准面向应用奠定了基础。面向应用，需要标准既要考虑教育信息化发展远景，也要考虑我国教育信息化的发展现状，要有适合国情的立意和价值取向。美国《国家教师教育技术标准》（《NETS-T2008》）和联合国教科文组织《ICT-CFT2011》框架，在信息技术应用能力方面，均有较高的目标引领《NETS-T2008》立意于数字化学习时代中运用技术真正变革教育，以促进学生学习、促进学生创造力发展为价值取向。《CT-CFT2011》框架立意帮助成员国开发教师教育技术标准及相关政策，以提高教育质量、缩小贫富差距为价值取向。此次《能力标准（试行）》的研制则立意于充分利用信息技术优化课堂教学、转变学习方式，以支持优质、创新的课堂实践与个性、灵活的学生学习为价值取向。除了标准中的条目充分考虑到应用指向，在维度设计上，也特别关注了有助于教师应用的实践线索。《能力标准（试行）》从技术素养、计划与准备、组织与管理、评估与诊断、学习与发展等五个维度展开，其中的计划与准备、组织与管理、评估与诊断和教师的备课、上课与评价等教育教学的实践线索相吻合，便于教师理解与应用。

　　（3）关注差异。在研制《能力标准（试行）》的过程中，参与研究的专家逐渐达成了一个共识，即一个教师的信息技术应用能力所能达到的高度与他所处的信息化教学环境是密切相关的。就好比你很难要求一个家里只有自行车的人，一定要学会开汽车一样，在只有投影仪与计算机的教学环境下也很难要求教师具备学生人手一机时所需要的教学计划与管理能力。《能力标准（试行）》根据我国中小学校信息技术实际条件的不同、师生信息技术应用情境的差异，对中小学教师在教育教学和专业发展中应用信息技术的能力提出了基本要求和发展性要求。其中，应用信息技术优化课堂教学的能力为基本要求，主要包括教师利用信息技术进行讲解、启发、示范、指导、评价等教学活动应具备的能力；应用信息技术转变学习方式的能力为发展性要求，主要针对教师在学生具备网络学习环境或相应设备的条件下，利用信息技术支持学生开展自主、合作、探究等学习活动所应具有的能力。这种面向差异的考虑为标准因地制宜的实施和执行奠定了基础。

第二章 师范生教育技术能力构成 要素与目标层次

从能力类型的角度来看，能力可以被划分为一般能力和特殊能力两类。一般能力是指在不同种类的活动中表现出来的能力。它是有效掌握知识和顺利完成活动所必需的心理条件，又称为普通能力。一般能力主要包括：注意力、观察力、想象力、言语能力、记忆力和思维能力。特殊能力则是顺利完成某种专业活动所必备的能力，又称专门能力。由于教师职业是复杂的脑力劳动，具有极大的创造性和灵活性，对学生有着极为鲜明的示范作用，因此教师活动是一种特殊的专业活动，教师的能力是一种在一般能力基础上的特殊能力。教育技术能力作为教师能力构成中的一类能力，如第一章第三节相关内容所述，对它的构成要素可以从"具备教育技术能力的教师"入手，从技术之于教师角色与教师活动的价值入手。师范生教育作为教师专业发展的起始阶段，对师范生的教育技术能力培养目标层次的探寻可以从教师教育技术能力发展中各个阶段的核心诉求出发。本章即是从这两个维度分析师范生教育技术能力培养的目标层次要求。

第一节 教师教育技术能力发展目标与构成要素

师范生是未来的教师，对师范生的培养越来越强调将其纳入教师教育一体化的过程。因此，对师范生教育技术能力要素的构成分析应面向未来的教师角色。换句话说，并不存在师范生的教育技术能力构成要素和在职教师的教育技术能力要素之分。师范生就是未来的教师，从教师教育一体化的角度考虑师范生教育技术能力的培养，应该站在未来教师所应具备的教育技术能力要素的基础上加以讨论。本节将从两个角度来分析未来的教师在教育技术能力发展方面所应具备的核心要素，一是从教师角色所规制的教师能力新发展的角度，二是从国际上教师教育技术能力标准新发展的角度。

一、教师角色与教师能力新发展

未来的教师将在社会生活、家庭生活、学校生活中扮演各种各样的角色，其中最为重要的仍然是作为社会公民的独立个体角色、作为学校课堂参与者的学习伙伴角色和作为学校文化建设者的教师群体中的一员。伴随着这几种角色在教师身上的日益凸显，近年来，教师能力结构在原有的教学实施能力和教学监控管理能力的基础上，又有了新的变化。第一，随着学习化社会和知识经济时代的到来，教师能力的研究开始广泛关注信息素养和学习力；第二，在我国基础教育新课程改革的背景下，教师课程能力也受到了前所未有的重视，尤其是教师能够不断适应多变的环境和多样化的学生需求，系统化设计合适的课程的能力；第三，学校文化建设成为新时期教育改革与发展的新任务，教师作为学校文化建设中的个体，教师领导力日益受到关注。

（一）教师的信息素养和学习力

叶澜（1997）曾指出，新型教师应具备的专业能力，包括理解他人和与他人交往的能力、组织管理能力、教育研究的能力、信息的组织与转化能力、信息的传递能力、运用多种教学手段的能力、接受信息的能力等。其中，与他人交往的能力、信息的组织和转化能力、信息的传递能力、接受信息能力等，都与教师的信息素养紧密相关。杨改学、张炳林（2007）提出，信息时代教师职业必须具备现代教育技术素质，包括各种信息能力、信息方法、信息技术和媒体技术等。宋专茂、唐迅（1999）等人运用统计分析技术对影响高师毕业生从教业绩的主要因素分析结果也表明，现代教育技术运用能力与知识的教育化转化与教育方法的构建能力、教学监控能力、班级管理能力共同构成教育教学能力要素，在高师毕业生从教业绩中是第一大影响因素，贡献率占21.4%。在以往教师教学能力的研究中，现代教育技术运用能力通常在教师教学能力结构中被认为是教师在教学过程中使用物化形态的技术工具的能力，即教师的现代信息技术应用能力，一种信息素养的核心能力表现。

自20世纪末以来，人们越来越关注学习力的研究。1993年，联合国国际21世纪教育委员会发表的报告《教育：财富蕴藏其中》进一步提出，在21世纪，人应该成为发展的中心。人的发展需求是终身化的，而终身化的发展需求又离不开终身化的学习，对于学习者而言，学会学习比获得知识更加重要，广大一线教师也不例外。Selvi（2010）在有关英语教师专业能力的研究中利用传统的德尔菲法对英语教师的专业能力进行了构建：（1）课程能力；（2）终身学习能力；（3）社会文化能力；（4）情感交流能力。日本教育工学会2000年2月召开的主题为"面向21世纪教师教育的展望和改革'新的教师教育课程与继续教育系统的形态'"的研讨会上，确定了21世纪教师应该具备的三种能力：（1）以全球性的视野为基础而行动的能力（全球化的观念和网络生存的能力）；（2）在急剧变化的时代中生活的人所应该具备的素质和能力（适应性和创新性）；（3）教师工作所必然要求的素质和能力。我国学者在研究网络时代教师的新能力结构时，与国外学者的研究殊途同归，在原有教师教学实施和监控能力的基础上，增加了教师的终身学习能力，将教师的系统学习能力作为教师的一级能力之一，包括学习和掌握新知识、新信息、新技术、新方法的能力。国内学者沈书生（2009）认为要服务于学生学习力的构建要求，教师的知能结构也要发生变化，一方面，对于教师自身而言，在于帮助其形成稳定的专业知能；另一方面，对于学习者而言，还需要教师学会在适当的时候使用自己的专业知能去有效满足其学习力的形成要求。

从终身学习和信息素养的关系角度，信息素养处于终身学习的核心，是提升个人有效搜集信息、评价信息、使用信息和创造信息的有力支撑，从而使社会个体达到个人、社会、职位所赋予的目标。信息素养是数字时代公民的基本素质，是终身学习的基础。因此，教师的终身学习能力必然依赖于教师信息素养的提升，教师信息素养是教师终身学习能力发展的基础能力。

（二）教师的课程能力与系统化设计能力

在新课程改革的背景下，教师的课程能力受到前所未有的重视。

李凤兰（2005）指出：教师要具有课程开发、整合、设计能力；具有信息技术素养，有科学、合理、有效地与学科课程整合的能力；教师要具有反思能力；探究意识和问题解决能力；要具有组织学生完成合作学习的能力和综合评价学生的能力等。

Selvi（2010）指出，课程能力一般被分为课程开发能力和课程实施能力。课程能力要求教师具有课程的理论知识、课程开发和设计的技能，能够理解课程开发的要素、应用课程开发模型、掌握课程开发方法、熟悉课程开发过程、有效选择和组织课程内容和规划教学和测验条件，以及能够对课程开发本身进行研究。

褚艳霞（2009）以课程设计过程的维度分析了物理教师课程设计能力结构，认为物理教师的课程设计能力包括课程相关信息搜集和加工处理能力、各种课程资源的开发与利用能力、确定课程目标的能力、根据课程目标选择课程内容的能力、组织课程并形成课程实施方案的能力，以及对课程评价进行再设计的能力。

我国学者赵春娟（2006）认为，课程能力包含课程意识和课程能力。课程意识是教师对课程系统的基本认识和参与课程的主动愿望的统一体。对课程系统的基本认识是构成课程意识的基础，指导着教师课程行为的选择与实施。课程能力则是指教师自身所拥有的、并在课程活动过程中表现出来的能动力量，具体包括课程实施能力、课程开发能力、课程研究能力和课程评价能力。课程实施能力是指教师将物质形态的课程转化为促进学生发展的实际力量，实现课程目标的能力；课程开发能力是指教师选择、改造现有课程的能力，以及利用各种途径开发课程资源和编写新课程的能力；课程研究能力是指教师对课程实践的反思能力和课程理论的探究能力；课程评价能力是指教师利用各种评价手段对课程实施的过程及结果进行评定，充分发挥课程评价的检查、诊断、导向、反馈、激励等多种功能的能力。

此外，国际社会关于教师社会文化理解能力的关注日益升温。"欧洲教师能力与质量标准"（Common European Principles for Teachers' Competencies and Qualifications）对教师能力的建议是：反思学习和教学过程的能力，包括对学科知识的反思、课程内容的反思、教学创新的反思、教学研究的反思，以及对教学文化和教学的社会性维度的反思。美国近年来非常注重教师的能力本位，全美教师教育认证委员会（NCATE）和洲际新教师评估与支持联合会要求教师候选人要具备因材施教的能力，要根据不同学科的特点，以及学生、家庭、社区的特点和课程目标的要求，采用不同的教学方法，通过评估学生的学业成就和身心发展，最大可能地对学生的学习和发展起到激励作用，以促进学生更好地学习、健康地成长和全面地发展。SELVI（2010）指出，随着时代的变迁和教育的变革，教师能力在不断发生变化，他在文献基础上对新时期的教师能力做了归纳，图 2-1 表明了教师专业能力的构成要素。其中，社会文化能力（social-cultural competencies）是指熟知学生和教师的社会文化背景，理解地区、国家和全球的价值，认识民主和人权问题，能有效地在团队和合作工作中与他人协作等。之所以强调教师的社会文化能力这个维度，是因为学习与学生的社会文化背景紧密关联，学习是学生在社会文化情境和教师的社会文化能力共同作用下发生的。教师应该根据学生的文化经验、种族、社会经济地位、性别等方面的差异，形成不同方式的教学，实施多元文化教学，以适应学生群体的多元文化背景。

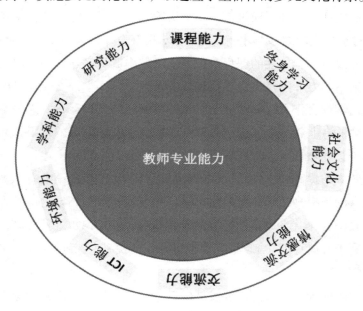

图 2-1 教师专业能力要素

综上所述，一方面，课程的设计、开发、实施、管理和评价，无一不依赖于系统化设计方法的应用。无论是教师的课程开发能力、课程实施能力，还是课程评价能力的提升，必然依赖于教师系统化设计知识的掌握和系统化设计方法的合理运用。教师对课程系统的基本认识虽然是教师课程意识的基础，指导着教师课程行为的选择和实施，但从课程理论到课程实践的转化，需要教师具备较强的系统化设计能力。教师只有熟练地应用系统化设计技术和方法，才能够在课程认识与课程实践之间搭建起"桥梁"。教师的系统化设计能力构成了教师课程能力的重要基础。另一方面，教师社会文化能力要求教师能够快速适应不断变化的教学环境和处于多元文化背景下的学生，根据所处的教学环境和所面对的对象，设计、开发和实施符合特定环境下满足学生个性化发展需求的教学和评价。教师的社会文化能力一方面更加强调教师的多元文化理解力，另一方面更加强调教师系统化教学设计能力的提升，以便根据环境因素和对象因素不断调整教学设计，为学生提供弹性、灵活的教学，以促进全体学生的发展。因此，教师课程能力和社会文化能力的提升必然依赖于教师的系统化设计能力的发展。

（三）教师领导力

在课程改革深入发展的阶段，学校文化走进研究人员的视野。优质学校的文化必然是一种合作性的文化，教师之间维持一种合作伙伴的关系，学校为群体反思、集体探究和分享个人实践提供机会，并且鼓励教师参与决策。人们越来越清晰地认识到，决定学校课程实践能否成功的对象，不只是校长一个人，还有学校的教师。西方在 20 世纪 90 年代的教改研究中已经确定，改革要做到教师增权，只有教师增权，学校改革的关键人物——教师才能真正面对专业生活。教师要通过参与小组决策和讨论，孕育集体自主意识，只有建立协作文化，教师对学校生活的参与才能真正开始，只有教师得到增权后才能掌握专业能力，有信心去推动课程改革。全校性的课程改革要求学校内成员必须认同学习的重要性，珍惜互助及合作，接纳不同专业的意见，重视相互参考及支持。学校文化建设以学校中教师团体的共享为基础，学校合作文化的塑造与分权决策制度的良好运行，无一不拷问教师的合作交流能力与教师的专业领导力，课程改革与学校文化互动发展的结果越来越要求教师领导力的提升。陈盼、龙君伟（2009）对国外教师领导力的研究作了述评，认为教师领导力有助于教师工作效率的提高和工作积极性的提高，与学生学业成绩具有积极的正相关。尤其，教师领导力有助于提高教师的专业化水平，一方面，教师领导力以教师个人专业素质提升为基础，以教师合作共享为条件，有助于教师的专业知识水平的提高；另一方面，教师之间的合作有利于开放意识、合作意识和前瞻意识的提升，有利于真正在课堂内实现"以学为中心"的教学。

教师领导力已经成为未来教师需要发展的基本能力。那么，教师领导力以哪些专业素质为基础，未来教师需要做好哪些准备呢？ York-Barr & Duke（2004）强调，一个具有教师领导力的教师必须具有三个主要特征：（1）受到其他教师的尊重；（2）持续的学习；（3）个人能力极强，能够影响其他教师的专业实践。Riel & Becker（2008）认为，教师领导力的提升与教师如何看待自己在学校中的角色极其相关。如果教师认为自己只是一个能够把控自己课堂的"小教师"，那么他的专业实践场所就只会局限在教室这个狭小的空间里。他们的知识来源就只会局限于个人阅读的书籍、个人专业实践的经验，而缺少来自同伴、同事、同行的，更加宽泛的思想、观点、认识和方法。但是，如果教师能够跨出教室，将自己定位于教师专业团体中的成员，是学校文化建设的一份子，那么他的专业责任就不只限于教室，而在于推动教师集体，甚或学校组织的整体能力提升。这时，教师会将帮助其他教师获得成功看作自己的一份责任，具有领导力倾向的教师不仅会与学校中的其他教师合作促进教学和学习，还会带动更大范围的教师从业团体的共同发展。总结具有教师领导力的教师素质倾向，学习能力、合作能力和研究能力成为教师领导力发展的潜能。教师领导力的发展需要：（1）教师持续地在实践中学习，并逐渐提升专业实践的性向（disposition）；（2）教师之间通过教学观测与评价反思，促进教师同伴间合作的能力；（3）教师参与不同地域或空间的实践共同体的意愿；（4）教师通过演讲、撰写反思和教学实践对专业组织做出贡献。

综上所述，从教师能力构成的发展趋势上来看，以信息素养为支撑的教师学习力、以系统化设计能力和多元文化理解力为依托的教师课程能力，以及以教师学习能力、合作能力和研究能力为基础的教师领导力越来越受到世界各国教师教育理论与实践领域的关注。信息素养、系统化设计能力恰恰是教师教育技术能力的重要表现，依托教师教育技术能力发展，提升教师能力成为一种可能。反过来，21世纪教师能力的新发展，也必然要求教师的教育技术能力内涵发生相应的变化，如教师的技术领导力的发展，以更好地支撑教师能力的整体提升。

二、教师教育技术能力标准的国际比较

社会创新依赖于教育的变革，教育变革依赖于教师专业能力的发展。随着知识经济时代的到来和信息科技的发展，以能力为导向的教师标准研制、修订受到各国政府的高度重视。教师专业标准一方面用来衡量教师是否达到专业化的要求，为教师的专业发展提供努力的方向；另一方面，也为设计和开发教师教育项目提供了依据。因此，本节重点考察国际上几个重要的教师技术能力标准，为重构教师教育中教育技术能力的发展目标奠定理论基础。

（一）联合国教科文组织的教师 ICT 能力标准

联合国教科文组织有两个比较著名的教师技术能力标准，一个是2005年出版的亚太区教师技术能力标准，另一个是2008年1月在英国伦敦召开的青年人才交流会议上发布的教师ICT能力标准。2005年的标准直接面向教师教育，2008年的标准，其着眼点更加宏观，系统表述了国家经济增长、社会发展、劳动力素养提升与教育、ICT、教师之间的关系。两个标准在某些方面表现出共性：（1）重视ICT在教师所教的学科领域中的应用，强调学科内容、ICT技术与教学法之间的融合；（2）重视教师学习与发展共同体中ICT与学科教学整合经验的交流，强调学校组织，甚至教育系统的整体信息化发展。

1. 联合国教科文组织亚太区教师技术能力标准

联合国教科文组织非常重视职前教师的培养和在职教师的培训，在总结了世界各国教师培训项目的经验后，开发了教师教育信息化设计指南（UNESCO PlaWling Guide on ICT in Teacher Education），指明了教师教育信息化的一般框架，如图2-2所示，包含四组支持性的能力类别。

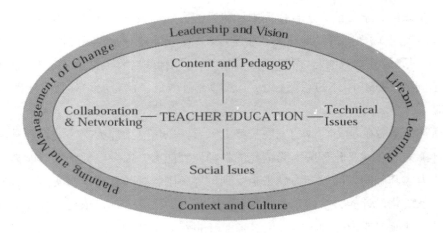

图 2-2　教师教育信息化框架

（1）学科内容与教学法（Content and Pedagogy）：关注教师的教学实践和课程知识，要求教师能够在各自的学科领域内应用 ICT 支持和扩展教与学。

（2）合作与网联（Collaboration and networking）：展现出利用 ICT 的沟通潜能，从而扩展课堂外的学习的能力，并且能够不断提高新知识和新技能的学习和发展。

（3）社会问题关切（Social issues）：意味着教师能够理解社会问题，如对诸如版权、知识产权等法律和道德问题的认识和理解；参与到 ICT 对社会影响的讨论中；并且能够理解 ICT 对于社会健康发展的重要价值。对这些问题的理解是 ICT 整合到教学中促进教学发展的重要前提。

（4）技术问题（Technical issues）：包括技术熟练度，以及为 ICT 在课程中的整合创设技术基础设施和技术支持的能力。

2. 联合国教科文组织教师 ICT 能力标准

2008 年，联合国教科文组织在英国伦敦举行的一个国际会议上发布了《教师信息与通信技术能力标准》（The UNESCO ICT Competency Standards for Teachers，ICT 是 Information & Communication Technology 的简写）。该套标准是由联合国教科文组织与思科、英特尔和微软等公司、国际教育技术协会以及美国弗吉尼亚理工学院共同开发的。标准共分为三个部分：其一是政策框架，解释了项目的基本原理、结构和策略；其二为能力标准模块结构，将教育改革内容同多种政策方法相结合，为教师制订了一整套技能要求；其三为实施指南，详细列出了教师在每一项技能规定或模块内应掌握的具体技能。联合国教科文组织指出，这一标准不仅限于对教师的技术要求，而且考虑了教学发展、课程、学校组织以及教师改进工作和提高与同事合作能力的需要。该标准通过将 ICT 的各种技能与教学法、课程和学校组织等方面的新观点相结合，旨在促进教师的职业发展。教师将使用 ICT 的各种技能和资源，提高其教学质量，与同事合作，并可能最终成为机构创新的领导者。该项目的整体目标不仅是要改进教师的做法，还要促进建立更高水平的教育制度，反过来培养更明智的公民和更高素质的劳动力。如图2-3所示，它描述了一个二维矩阵形式的框架，二维矩阵的水平方向是教育改革促进国家经济增长和社会发展的轨迹，垂直方向则是教育系统中的各个组成要素。水平方向上，技术素养指的是通过在课程中整合技术，提高劳动力的技术更新能力；知识深化指的是提升劳动力利用知识解决复杂的、现实生活中的问题，以增加经济产值的能力；知识创造指的是提升劳动力革新知识和产出新知识的能力，提升公民利用新知识的能力。通过这个发展轨迹，教育改革有利于以日益复杂的方式促进一国经济和社会的发展：从技术摄取到高绩效劳动力，再到知识型经济和信息社会。

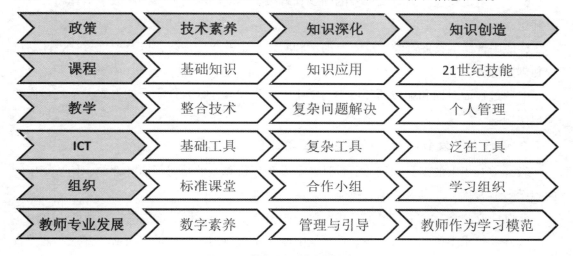

图2-3 教师ICT能力标准框架

上述两个联合国教科文组织的教师技术能力标准均规定了教师能力的基本要求和教师认证的基本指标，尤其是2008年的标准更是详细地给出了教师教育机构在开发教育技术课程时的教学目标、教学方法和教学评价建议。

（二）美国ISTE的教师教育技术能力标准

美国是世界上教育技术起步最早且发展最为迅速的发达国家之一，早在1993年就制定了第一版的ISTE（International Society for Technology in Education，国际教育技术协会）教师教育技术标准。截至2008年，美国已经先后颁布了四个版本的教师教育技术能力标准。国内比较熟悉的是2000年的版本和2008年的版本。2008年的版本对2000年的版本做了全面修订，从"强调教师应该了解技术和能够使用技术"转变为"数字化时代的教师如何促进学生有效学习和高效生活能力的提升，强调教师如何帮助学生成为高效的数字化学习者与数字化公民，从而使学生能够面对数字化世界的各种挑战"（ISTE，2008b）。美国ISTE新版教师教育技术能力标准更加强调运用教育技术所能产生的最终目的——"促进学生的发展和教师自身的发展"，更加强调教师"运用其学科知识，通过教学、学习和技术增强促进学生学习、激发学生创意和创新能力的经验"。新版标准从促进和激发学生学习与创造性、设计和开发数字时代的学习过程与评价、示范数字时代的工作与学习、促进和示范数字化公民与职责、促进专业发展与领导能力等五个方面规定全体教师的教育技术能力标准。具体内容如下：

1. 促进和激发学生的学习和创造力

教师运用他们的学科知识、教与学的知识和技术知识促进那种能够让学生提高学习、创造力和创新力的面对面的学习经历和虚拟环境中的学习经历。教师：

a. 促进、支持和示范创造性的和创新性的思维与发明（inventiveness）；

b. 让学生沉浸在探究真实世界的问题和解决实际问题的情境中，用数字工具和资源解决问题；

c. 使用合作工具促进学生反思，揭示和明晰学生的概念理解，以及思维过程、计划过程和创造过程；

d. 通过在面对面和虚拟的环境中与学生、同事和其他人合作学习的方式，示范合作的知识建构。

2. 设计和开发数字时代的学习经历与评价

教师整合当下的工具和资源，设计、开发和评价真实的学习经历和评估，使情境中的内容学习最大化，并发展知识、技能和态度。教师：

a. 设计或调整整合了数字工具和资源的相关学习经历，促进学生的学习和创造力；

b. 开发技术丰富的学习环境，使得所有学生都可以追求自己的好奇心，并成为能够设定自己的学习目标、管理自己的学习和评价自己的进步的积极的实践者；

c. 使学习活动定制化和个人化，以满足学生多样的学习风格、工作策略和使用数字工具与资源的能力；

d. 为学生提供多元的和多样的符合课程标准和技术标准的形成性评估和总结性评估，并利用评估结果报告学习与教学的效果。

3. 示范数字时代的工作和学习

在全球化时代和数字化时代，教师表现出创新性专业实践所必需的知识、技能和工作过程。教师：

a. 表现出技术系统的流畅性和当前知识迁移到新技术和情境中的能力；

b. 利用数字工具和资源与学生、同伴、家长和社区成员合作，以支持学生的成功和创新；

c. 使用各种数字时代的媒体和形式与学生、家长和同伴有效地交流相关的信息；

d. 示范并能促进学生有效地应用当前和新出现的数字工具查找、分析、评价和应用信息资源以支持研究和学习。

4. 推进和示范数字时代公民与责任心

教师理解在不断发展的数字文化中的地方性与全球性的社会问题和责任，并在专业实践中表现出合法的行为和符合伦理道德的行为。教师：

a. 提倡、示范和教授安全地、合法地和符合伦理地使用数字信息和技术，包括尊重版权、知识产权和合适的文献来源；

b. 通过学习者中心策略和提供平等的获得合适的数字工具和资源的方式，满足所有学习者的多样化的需求；

c. 推进和示范与使用技术和信息相关的数字化礼仪与负责任的社会交往；

d. 通过使用数字时代的交流与合作工具在与不同文化背景的同事和学生交往的过程中，发展和示范文化理解与全球意识。

5. 保证专业成长与领导力

教师通过推进数字工具和资源的应用，持续地改善他们的专业实践，示范终身学习，并在他们的学校和专业团体中展现领导力。教师：

a. 参与地方性的和全球性的学习共同体，探索如何创造性地使用技术来促进学生的学习；

b. 在展示技术整合的观点、参与分享的决策制定和共同体建立，以及发展他人的领导力和技术技能的过程中，展现个人的领导力；

c. 常规性地评价和反思当前的研究与专业实践，以有效应用现有的和新出现的数字工具和资源支持学生的学习；

d. 对教学专业和其所在学校和社区的有效性、生命力和自我更新性做出贡献。

与上一个版本（2000 年版）相对照，我们很容易发现，这个版本的标准更加面向技术应用的最终目的——促进学生的学习与创造力的提升。围绕这个终极目标，教师需要准备好学科知识、技术知识和教学法知识的融合，提升技术丰富的学习环境的设计能力，并确保自己能够有持续的专业成长和技术领导力的提升，推动学校组织的整体发展，营造学生学习与创新力发展的氛围。与 2000 年的版本相比，新版更加强调教师利用技术工具深入理解学生学习心理的能力，更加强调教师的学习过程与学习资源、学习环境的系统化设计能力，更加强调教师在专业共同体中的交流、沟通与领导力。

（三）日本"教师使用 ICT 指导学习能力标准"

日本于 2006 年公布了"IT 新改革策略"，目标是使日本成为走在世界最前沿，成为 ICT 革命的先驱者，追求改革 ICT 结构的能力，实现自律性的 ICT 社会。为此，日本文部省于 2007 年 2 月公布了《教师使用 ICT 指导学习能力标准》，该标准包括五个能力维度，分为小学教师和初高中教师两版，每个能力维度都有二级指标项支持（共 18 项）。

小学版和中学版略有不同，以小学版为例，日本的"教师使用 ICT 指导学习能力标准"的内容如下：

A 应用 ICT 于教材研究、指导的准备以及评价等情形时的能力

A-1 对于提高教育效果，设计在哪些情况下怎样应用计算机或互联网更为合适。

A-2 为了收集教学中使用的教材或资料等，有效运用互联网或 CD-ROM。

A-3 为了编制必要的教学印刷物或提示资料，有效应用字处理软件（如 Word 等）或演示软件（如 PowerPoint 等）等。

A-4 为了改善评价，有效应用计算机或数码照相机等管理、统计学生的作品、学习状况和成绩等。

B 教学中有效应用 ICT 的指导能力

B-1 为了提高学生的学习兴趣与关注力，应用计算机或提示装置有效地展示资料等。

B-2 为了使每个学生明确把握课题，应用计算机或提示装置有效地展示资料等。

B-3 为了说明简要明了并使学生加深思考与理解，应用计算机或提示装置有效地展示资料等。

B-4 归纳学习内容时为了学生掌握知识，应用计算机或提示装置便于理解地展示资料等。

C 指导学生有效应用 ICT 的能力

C-1 指导学生能够有效应用计算机、互联网来收集信息、选择信息。

C-2 指导学生用字处理软件把自己的想法整理成文章、用表处理软件把调查的内容整理成图表。

C-3 指导学生能够有效应用计算机和演示软件等简明扼要地发表与表达。

C-4 指导学生有效应用学习软件、互联网等反复学习或训练，使其掌握知识和熟悉技能。

D 指导信息伦理与道德等能力

D-1 指导学生能够在信息发布或信息社会中对行为负责任并交流对方需要的信息。

D-2 指导学生能够作为信息社会的一员遵守规则或礼节，收集信息、发布信息。

D-3 指导学生在应用互联网等时理解信息的正确性和安全性，能够注意到其积极意义来有效应用。

D-4 指导学生能够掌握密码或自己和他人的信息的重要性以及信息安全的基本知识等。

E 在学校事务方面应用 ICT 的能力

E-1 收集在学校事务担当或班级管理中必要的信息，应用字处理软件和表处理软件制作文本或资料。

E-2 为了密切教师之间以及同学生监护人或地域的联系，应用互联网或校园网进行必要的信息交流与共享。

从上述日本的教师使用 ICT 指导能力标准来看，日本的标准侧重于教师应用 ICT 进行教学和对学生指导方面，尤其在利用 ICT 指导学生有效应用 ICT 的方面显得特别突出，这是与其他国家的相关标准有着明显差异的地方。从这个方面来看，日本的教师标准更加强调教师如何指导学生利用 ICT 进行学习，提升学生的信息素养。"面向学生的学习与发展"是日本教师 ICT 标准的核心与根本，利用技术促进学习的意图非常突出。无论是教师应用 ICT 进行教学准备、实施和评价，还是教师指导学生利用 ICT 进行学习、研究和表达，日本的标准都更加明确了制定教师标准的终极目标，即促进学生的学习和发展。

（四）澳大利亚教师信息技术整合教学能力标准

2008 年以来，随着澳大利亚基础教育改革新战略《墨尔本宣言》的发布和《澳大利亚 2020 教育未来发展纲要》的出台，以及澳大利亚政府理事会有关提高教师质量全国合作协议的签署，教育改革和发展的内外部环境发生了变化，对教师的职业要求也相应发生了改变。同时，提高教师质量的全国合作计划也明确提出要制定新的全国教师标准，并用新标准来影响教育领域的全国统一改革。由此，2009 年澳大利亚联邦政府成立了由来自各州和地区政府机构及非政府组织代表组成的专家工作组，具体负责新教师标准的制定工作。2010 年 3 月 8 日，新的《全国教师专业标准》草案公布，2010 年 12 月由澳大利亚教育、幼儿发展和青年（MCEECDYA）认可通过，最终于 2011 年 2 月 9 日正式颁布。

新的《全国教师专业标准》的基本理念包括：（1）促成高质量的教学；（2）为教师质量提供全国性基准；（3）提升教师的职业期望和专业成就；（4）促进统一的教师认证与注册体系建立等。标准从专业知识、专业实践及专业发展三个专业要素为教师发展提供总体结构，对毕业教师、熟练教师、娴熟教师和主导教师四个等级的教师设定了七大标准，如表 2-1 所示，目的在于提高学生的学业成就，统一各地对有效教学实践的认识，正确理解何谓高质量的教学。

表 2-1　澳大利亚《全国教师专业标准》框架

专业知识	专业实践	专业发展
1. 了解学生及学习如何学习	3. 计划并实施有效的教学与学习	6. 积极进行专业学习与反思
2. 了解所教内容并知道如何教	4. 创造并维持一个安全而富有的支持性的学习环境	7. 为学校和专业团体做出贡献
	5. 对学生学习情况进行评估、反馈和汇报	

该标准的专业知识类似于教师 PCK 知识，专业实践对教师的教学设计、实施、管理和评价做了规范，专业发展则体现了教师作为学习者和学校组织成员所应具备的素质条件。在四个等级的教师水平中，毕业教师和熟练教师是所有教师都必须达到的基本水平，尤其毕业教师实际上是规定了职前教师入职的门槛，为职前教师教育的课程设计、实施和评价提供了依据。更重要的，也是更突出的特点是，对教学和教师质量的追求是澳大利亚教师标准制定的根本目标。

在澳大利亚关于教师发展的各项举措中，有关教师 ICT 应用的项目中值得注意的是 2010 年启动的"ICT 创新基金"（ICT Innovation Fund, ICTIF），它是澳洲数字教育革命（Digital Education Revolution）四项计划中的其中一项，旨在帮助教师提升 ICT 专业能力。为促进长期的教育变革，ICT 项目确定了三个主要领域：（1）提升职前教师的能力，使其在 ICT 整合的教与学中能够有效地进行创新；（2）扩展在职教师的能力，使其深入理解教学，并有信心和能力利用工具有效地设计和实施课程，以促进学生的学习，推动"数字教育革命"；（3）通过领导力引领创新，目的是领导者能够引领和激励学校师生达成 ICT 整合的教育愿景，为迎接 21 世纪教育挑战做好基础设施、学习资源和教师发展上的充分准备。澳大利亚教育部为 ICT 这三个工作领域所设计的目标如表 2-2 所示：

表 2-2　ICTIF 项目的目标与结果描述

提高职前教师的能力	扩展在职教师的能力	通过领导力引领创新
目标		
·职前教师在毕业前有目的地提高 ICT 熟练程度，能够有效地使用 ICT 支持提高学生学业成绩。 ·职前教师有机会增长 ICT 应用的知识、理解、技能和能力。 ·提高职前教师对 ICT 设施的理解和应用，如利用交互电子白板创建和分享知识和资源。 ·促进职前教师之间的协作，利用数字技术，如博客、文档共享、社会网络和视频会议等，创建和分享专业知识。	·在职教师在学校环境中能够做到对技术的常规使用。 ·有更多机会可以设计学生为中心的项目，利用当下的学习资源和学习活动达到课程标准的要求。 ·常规使用 ICT 自我评估工具，以确定专业学习需求，回顾自己的学习进步情况。 ·为教师提供机会，使其更好地理解和应用现有的工具和资源。 ·教师参与到专业学习中，以加深对 ICT 促进教学的理解。	·促进校长在学校教育信息化方面的深入参与，并发挥领导力。 ·鼓励和支持学校系统内建立自己的 ICT 能力标准和专业发展项目。 ·所有的学校领导都有机会学习 ICT 战略规划，并能够获得成功地在学校里整合 21 世纪技能所需的相关资源。 ·教育领导者参与专业学习，提升对 ICT 在教学中融合的专业理解。
结果		
·职前教师能够在课程传递过程中使用数字技术。 ·职前教师的 ICT 能力获得整体提升。 ·职前教师获得了必要的 ICT 使用能力，并能够有效地应用 ICT 支持学生学业成绩的提升。 ·职前教师能够在教学中有效地整合 ICT。	·每位教师都有机会在 3 年内完成 ICT 专业发展。 ·教师获得 ICT 使用能力，并能够有效地利用 ICT 支持学生的学业成绩提升。 ·教师能够监控和评价自己的 21 世纪技能的教授能力，并获得学习需求反馈。 ·教师能够链接在线学习资源，支持自主学习。	·学校领导能够获得 ICT 使用能力，并能够有效地利用 ICT 支持学生学习成绩提升。 ·所有学校都有自己的数字学习计划，包括基础设施建设、学习资源和教师能力发展计划。 ·学校领导者推动 ICT 创新应用，以获得更好的学习结果。 ·学校领导者应用技术支持创新实践。

澳大利亚"ICT 创新基金"项目对教师 ICT 能力提升方面注重 ICT 技术、工具和资源的使用，且将 ICT 使用融入教师的技术知识与技能、技术促进学生学业发展和技术促进教师专业发展等几个方面。尤其在职前阶段，ICT 能力发展的目标主要在于：技术技能和技术的整合应用两个层面，但同时也注意了职前教师之间利用 ICT 进行交往与协作的能力。综合考察澳大利亚全国教师专业标准和 ICT 创新基金对教师 ICT 能力发展的目标，其教

师教育一体化的思想非常突出。

（五）各国教师技术能力标准比较

自我国教育部 2004 年 12 月发布《中小学教师教育技术标准（试行）》后，世界各发达国家已经开始陆续在原有教师标准的基础上对标准做了修订。综合各国当下教师技术能力标准的特点，本书研究发现目前发达国家的教师技术能力标准显现出以下几点共性：

1. 面向技术应用的终极目标——促进学生的学习

教师技术能力标准的制定以技术应用的终极目标——促进学生的学习为基本依据，围绕促进学生的学习这个目标，标准对教师的学习、教学和专业发展方面应该做好的准备做了规范。这充分说明了教师专业发展对于学生的学习与发展而言，只是一个过程，绝不是终点。制定教师专业标准的目的在于规范教师专业知识、技能与能力，使其能够更好地为学生的学习服务。在各国教师技术能力标准中，突出体现面向学生的学习这个终极目标的，一个是美国，一个是日本。美国新版的 NEST 标准首先强调的就是促进学生的学习与创造力提升，为此，教师需要为学生的学习和创造力提升创设技术丰富的学习环境、示范技术环境下的学习、生活与社会责任，并为能够不断指导学生做好终身学习的准备。而日本更是在教师 ICT 指导能力标准中，突出强调了教师在指导学生使用 ICT 进行学习、研究方面的能力要求。日本的标准特别注意到技术的使用不应仅仅是教师创设学习环境、传递教学内容和评价学生发展的工具，更应成为学生进行学习、合作和探究的学习工具、交流工具和认知工具。

2. 教师专业发展体现对教育公平与卓越的追求

从上述各国的教师技术能力标准中，本书研究发现各国的标准都反映出这样一个事实，即教师的专业发展不再只是教师个体的行为，不再只是局限于教师生活其中的课堂情境，而扩展为教师群体的共同发展，发展空间扩展为学校、社区、其他地域，甚至全球。我们相信这主要由于世界各国对教育公平与卓越的执着追求。随着全球化、知识经济时代的到来，"各国人民对教育已经不满足于一般意义上的教育公平和质量，公平与卓越成为当今世界教育新的发展趋势和追求"。联合国教科文组织的标准面向对全社会创新型劳动力的追求，进而推动国家经济和社会整体的发展；美国标准的制定处处体现布什政府《不让一个孩子掉队》法案的精神。为此，教师需要吸收更多课堂情境以外的能量，从同事、同行、专家和其他社会成员那里获取教学专业知识，提升教学专业能力，以缩小不同文化群体学生的学业成绩差距。同时，标准中特别强调教师共同体的发展，强调教师专业知识在教师群体中的创建与分享，首次提出了教师技术领导力的要求。这一点无论是在联合国教科文组织的标准、美国的标准，还是澳大利亚的标准中都体现得淋漓尽致。

3. 创新成为教育信息化发展的灵魂和动力

教师的 ICT 创新应用与学生利用 ICT 提升创新能力是各国新标准中最终希望达到的

高级能力目标水平。ICT 的创新应用是希望教师在使用 ICT 时能够涌现出新知识、新方法、新技术，创造性地使用 ICT 为学生的创新能力提升提供新的环境、资源、活动、监控与评价，并能够将这种创新应用加以推广和扩散，促进更广泛的教师群体的共同发展，进而推动不同时空的全体学生的创造力发展。联合国教科文组织的标准，其制定的框架即是根据劳动力创造力培养的路径建构的；美国标准则在标准的第一部分强调了对学生创造力发展的重要性；澳大利亚的标准中，创新应用技术并促进专业知识分享则是职前教师需要达到的基本目标之一。由此可见，创新已经成为推动各国教育信息化深化发展的核心动力。

综合上述各教师技术能力标准的共性，本书研究发现"学习促进""ICT 创新应用"和"教师共同发展"成为教师技术能力标准中的核心关键词。从前述教师能力的新发展上，我们看到今天的教师担当着与以往不一样的新角色，承担着与以往不一样的新任务，"学习力""系统化设计"与"教师领导力"也是当前和未来教师能力中不容忽视的新能力。融合"学习促进""ICT 创新应用""教师共同发展""学习力""系统化设计"与"教师领导力"六个教师发展要素，我们再对我国和世界其他发达国家的教师技术能力标准做一对照，如表 2-3 所示。

表 2-3　教师技术能力标准比较

	CETS（中国 2004）	UNESCO（2007）	NETS-T（美国 2008）	（日本 2007）	ICTIF（澳大利亚 2010）
促进学生学习		★	★	★	
技术的创新应用		★	★		★
教师共同发展		★	★		
教师个体学习力	★	★	★		★
系统设计能力	★	★	★	★	
教师领导力		★	★		

联合国教科文组织和美国的标准相对来讲更加先进，在促进学生学习、技术创新应用、教师共同发展、教师技术领导力等方方面面都有所关注，处于领先地位。而我国、日本和澳大利亚的标准则各自有不同的侧重，我国的标准中相对更加侧重教学系统设计、实施和评价的内容，体现的是提升教师"如何教"的能力，日本相对更加侧重教师对学生使用 ICT 的指导能力，而澳大利亚则侧重于教师的技术应用能力，部分地体现对技术创新实践的鼓励和支持。

三、教师的教育技术能力发展目标与要素分析

从有关教师教育技术能力界定和能力描述的观点出发，本书认为教师的教育技术能力描述须与教师的角色特点相结合，以期达到教师充分理解教育技术价值的目的。笔者以未

来教师在社会中可能承担的角色为轴心，综合考察国内外教师教育技术能力标准的发展趋势，对教师的教育技术能力发展要素与发展目标进行了重构。教师的角色对教师的教育技术能力有着天然的规制，而国际上发达国家对教师技术能力的要求也为我国建立未来的教师教育技术能力标准提供了方向上的启示。结合这两个方面，本书主要从教师的角色出发，首先认识教师是个什么角色，然后考虑教师为满足角色需求所应具备的教育技术能力要素。在考虑教师的教育技术能力要素时，国际上的教师技术能力标准为我们提供了启示。

从教师的角色角度，本书认为教师首先是一个合格的社会公民，应能满足未来社会对公民的基本要求。其次，教师是一个主动参与课堂的设计者和实施者，从促进学生学习与发展的角度应能满足设计学习环境、过程、资源、活动与评价的要求。最后，教师是一个主动建设学校教师群体文化的共同体成员之一，从促进教师共同发展的角度应能满足以教学研究能力为基础的教师领导力的需求。基于此，我们建立了如表 2-4 所示的教师教育技术能力发展维度与发展目标。

教师首先是一个合格的社会公民，在信息社会中若能成为数字时代的公民，其信息素养已经成为其必不可少的基本生存能力。作为教师，为适应不断变化的社会、学校、课堂，面向终身发展的学习力也成为数字时代一个社会公民能够成为教师的基本要求之一。其次，教师作为学校课堂的主要活动者之一，为促进学生创造力的发展和各门学科的学习，围绕着系统化教学设计的要素，教师的课程能力、环境创设能力、学科教学能力、课堂组织能力和学业评价能力成为教师主动参与课堂学习的核心能力要素。最后，教师作为学校文化的建设者，为促进教师群体的共同发展，还应能够强化教学研究能力的提升，并以此为基础在教师群体中展现领导力。

从技术之于教师角色实现的价值基础上，教师的教育技术能力应以一般信息素养、技术融入的学科教学能力和教育技术研究能力为核心要素。教师的一般信息素养是满足教师在信息社会中成为合格公民的需求，它是教师实现终身学习的基本条件。教师的技术融入学科教学能力是满足教师成为主动的课堂参与者的角色需求，它是教师能够促进学生学习与创新的根本要求。教师的教育技术研究能力是满足教师成为教师共同体成员的需求，它是教师成为共同体发展中核心领导力的内在动力。

表 2-4 教师教育技术能力发展目标设计表

教师角色	能力维度		发展目标
教师作为社会公民	成为数字时代的公民	社会公民基本的信息素养	恰当地运用信息通信技术解决信息问题,对与信息有关的伦理道德和法律法规有基本的理解。
		利用技术实现终身学习	具有不断学习新知识和新技术的意识,具有将已有知识迁移到新情境中,学习和应用新知识、新技术的能力。
教师作为课堂学习的参与者	促进学生的学习与创造力	创建数字化的学习环境	设计和开发技术丰富的数字化学习环境,使学生沉浸在探究真实世界问题的情境中,在解决问题的过程中获取和创造性地应用所学的学科知识。
		指导学生学习信息技术	设计和开发课堂与单元学习活动,帮助学生在学习活动中获得与提升信息素养。
	设计与实施数字时代的学科教学	开发技术丰富的学科课程	理解一般信息通信技术与学科特定工具的有效应用与国家课程标准的实施之间的关系,设计与开发技术丰富的学科课程。
		设计与实施数字化环境中的学科教学	理解多样化的学生,设计技术丰富的学科学习经历,为学生提供各种运用技术进行学习的机会,支持全体学生的学科知识学习。
		组织与管理数字化的课堂	组织和管理技术丰富的课堂环境中的教与学的资源和活动,确保全体学生的课堂学习与交往正常、顺利地进行。
		设计与实施数字化环境中的教学评价	设计和实施多元主体、多种方式的、技术融合的形成性评价和总结性评价,合理利用评价结果改进学科教学。
教师作为学校文化建设者	确保专业发展,推进学校革新	利用技术提升自身的专业素质	合理利用各种数字化工具和资源,持续不断地提升自身的专业素质,提高自身在教学与研究方面的生产力。
		示范数字时代的工作,发展多元文化理解力	利用各种数字化工具和资源与学生、家长、同事、同行、专家等进行合作与交流,在数字化交往过程中推进创新型教学模型。

第二节　教师教育技术能力发展阶段

从教师教育一体化的角度而言,借鉴联合国教科文组织(2005)和 ACOT,以及雪莉与吉普森模型,教师教育技术能力培养目标应在教师教育技术能力标准的基础上来划分发展阶段和能力水平层次,指明每个阶段能力发展的重点。为此,在探讨师范生的教育技术能力培养目标之前，还需明确教师的教育技术能力发展究竟需要经过几个阶段，每个阶段的能力发展核心是什么。本节从技术与教学系统的互动关系出发，解析技术融入教学系统的过程，并在此基础上划分教师教育技术能力发展的各个阶段及每个阶段能力发展的核心与重点。

一、教师应用教育技术的动态变化过程分析

教师 TPACK 知识框架的提出为我们提供了一个思考教师在教学中应用教育技术的动态过程的框架。在教师 TPACK 知识框架中，米什拉与科勒（Mishra & Koehler，2006）对技术知识（Technology Knowledge，TK）的解释是"在教学中使用的一切技术的知识，包括标准化的传统技术，如书本、黑板和粉笔等，和现代先进的技术，如互联网和数字视频等"。如果说教育技术是教育中应用的技术，那么黑板、粉笔、书本等也是教育技术家族中的一员。但为什么教师不再把黑板、粉笔等看作是技术，不再对黑板、粉笔等感到恐惧？在米什拉和科勒看来，技术是随着时间的推移而不断变化的，因此关于技术知识的范畴也在不断发生变化。从没有黑板、粉笔到黑板、粉笔进入课堂，对于以往没有接触过黑板、粉笔的教师而言，这时候的黑板、粉笔一样也是一种新的技术，教师需要探索如何更好地利用黑板和粉笔书写出能够引领学生学习的"板书"；为了配合自己的教学，教师需要知道采用哪种板书格式，书写什么内容才能更有效地向学生传递教学内容。时至今日，关于板书的设计仍然是众多教育研究者与教学一线从业者共同关注的议题。这充分说明，黑板和粉笔也是教育技术，教师在运用这种教育技术的过程中也需要经历动态发展的过程，从不熟悉到熟悉，从常规应用到创新应用。今天的教师之所以不再将黑板和粉笔看作是一种教育技术，原因是教师已经将黑板和粉笔真正融入教学中，使其变成了一种"透明的"技术，黑板和粉笔是逐渐"消失"在教师的日常教学中的一种教育技术。今天的教师在应用教科书、黑板和粉笔进行教学的过程中，教科书、黑板和粉笔已经成为他们身体的一部分，因此他们再也感觉不到这些都是技术。

相比较而言，现代信息技术在教学中的应用也许会让教师感到恐惧、不自信，这种现象是完全可以理解的，教师应用技术进行教学时必然要经历这样的过程，教师对于这些在课堂中新出现的技术还不够了解、熟悉，还没有充分认识到这些技术在教学中能够发挥的优势和潜能，还不能将这些技术看作是已经"消失"了的技术，这些技术还没有成为教师身体的一部分。但是，我们需要注意到，一旦新的技术已经"消失"在教学中，那么这些所谓的新技术就已经不再是技术了，这时的教学又开始恢复平衡。对于教师而言，这时的教学已经可以撤去"信息化"的标签，成为他日常熟悉的教学，只是这时的教师已经穿越在另一条河流，这时的教学已经是另一个时空中的教学。正所谓"一切皆流，无物常住"。

至于教育技术内涵中包含的智能层面的技术，实质上与物化形态的技术融入教学的过程是一样的。回顾教育技术的发展历史，从 20 世纪 20 年代美国视觉教学运动开始至今，

教育技术虽几易名称，更换定义，但始终未脱离"技术"的定位，教育技术是从技术的视角解决教育问题的一个领域。然而，这绝不是说教育技术内涵中的物化形态技术本身就可以解决教育问题，物化形态的技术若要成为教师手中"神奇的点金石"，必然要求有智能形态的技术参与其中，并以它"无形的手"指挥物化形态的技术"点石成金"。从教育技术的发展历史审视物化形态技术与智能形态技术之间的关系，美国著名的教育技术历史分析家塞特勒指出，"程序教学"这条线索代表了教育技术的主流，而视听教学代表了支流。"二战"后传播学和系统方法使得视听教学运动开始从只关注媒体的使用到关注整个教学的过程，从对媒体制作的关注到对系统方法的指导和运用，从而使视听教学这个支流汇入教育技术"系统应用有关教育教学原理解决教育实践问题"这个主流。从教育理论到教育实践的过程中，以系统方法为主流的教育技术充当了从理论过渡到实践的中间"桥梁思想和理论"要经过"计划和方案"才能得以"运用和实施"。当新的物化技术在教育领域中出现时，若要新的技术在教育中高效发挥其价值以促进学习，单纯依赖已有教育思想和理论已不能满足新技术出现的需求。此时，教育技术内涵中占主流地位的智能形态的技术必须参与到问题解决过程中，系统分析新技术融入教育的过程与方法，形成新技术融合的教学解决方案，进而促进新技术融合的教育实施。一旦新技术融合的教育形成一种自动化的内化行为，"消失"在教学中，就意味着新技术融合的教育已经走向"传统"，此时理论通往实践的教育技术桥梁工程已经搭建完成，直到下一个新技术、新方法的出现。因此，正如 TPACK 教师知识研究的专家所指出的，"TPACK 框架只是一个暂时性的产物，目的是为了让教师对这些先进的技术引起足够的重视"。虽然 TPACK 专家这里指的技术只是物化形态的技术，但本书认为，智能形态的技术在教师手中发挥价值的过程同样需要经历从不熟悉到熟悉、从不自然到自然的过程，最终走向创新。

综上所述，教师在接受并内化教育技术的过程中，总会有一个将教育技术从"附加物"转变为"透明体"的过程，当新技术、新方法试图进入教师已有的教学时，这种新技术、新方法打破了原有系统的"平衡"状态，如果这些新技术、新方法能够在教师已有的教学中"存活"下来并成为系统的一部分，就必须要求教师一方面能够认识新技术、新方法的优势和潜能，另一方面能够调节已有的教学模式、结构、方法和策略，以适应新的教学环境。这正是教师的教育技术能力发挥作用的地方，显性地表现为对物化形态技术的合理选择和应用，隐性地表现为系统设计方法对教学的调节。一旦新技术、新方法已经"消失"在教师的教学中，成为教师身体的一部分，那么教育技术能力也就随之"消失"，转变为教学能力。如图 2-4 所示，转变后的教学能力已非彼时之能力，而成为此时之扩展的、拥有更多能量的教学能力。

由此，教育技术能力是教师在动态适应新技术、新方法的过程中需要特别强调的"暂时性"能力。教育技术能力的发展必须经由学习、适应、创新并最终成为教师内化了的能力的过程，教育技术从"附加物"变为"透明体"，"消失"在教师的教学能力之中。

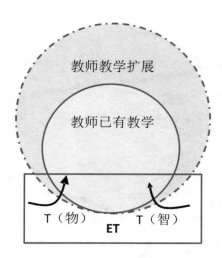

图 2-4　教师应用教育技术的动态过程示意图

二、教师教育技术能力发展阶段的划分

　　教师教育技术能力的形成与发展并非一蹴而就，它的形成与发展"具有层次性，需要循序渐进"。国际上有关教师技术能力发展的研究（如 ACOT 模型，1997；UNESCO 四阶段模型，2005）也证实了这一点。如前所述，技术融入教师的教学是一种动态的过程，能够引起这种动态过程发展变化的则是教师的教育技术能力发展。首先，当一种新的技术走进教师的工作、学习和生活中时，无论是物化形态的技术工具，还是智能形态的过程方法，教师首先需要做的是跨过一道道技术门槛，学习技术相关的知识和技能，并在使用技术的过程中逐渐熟悉并理解技术的特性、功能和潜在的教育价值。其次，教师需要做的是尝试在已有的教学结构中融入这种新的技术，以新的教育技术理论和方法指导自己的实践探索，完成一种类似于行动研究的教学研究活动，体验新的技术在教学中融入的条件、特性、过程和方法，形成初步的技术融合于教学的经验。这种经验更多的是一种朴素的、自我反思的结果。这一阶段是教师关注自我教学更新的阶段。再次，教师需要做的是熟练运用自己已经形成的初步经验，在与学生的教学互动中体验这种经验带给学生学习与发展的价值，并尝试在教学中指导学生使用技术完成学习。同时，在教师群体的互动体验、群体反思的过程中，完成新技术融合于教学的经验提升，形成较为稳定的新的教学结构框架，并尝试将这种框架在更广泛的教师群体中推行。这一阶段是教师从关注技术转向关注学生的阶段。最后，教师需要做的是超越自我，从学生发展与学习需求出发，创造性地重新建构教学，并在教师群体中发挥技术领导力，引领教学改革。

　　与技术在教学中融入的过程相对应，教师的教育技术能力发展也将经历不同的发展阶段。如图 2-5 所示，技术融入教学的过程是伴随着教师教育技术能力发展阶段不断发生变化的过程，从新技术出现到新技术彻底"消失"在教学中，始终离不开教师教育技术能力的发展变化。

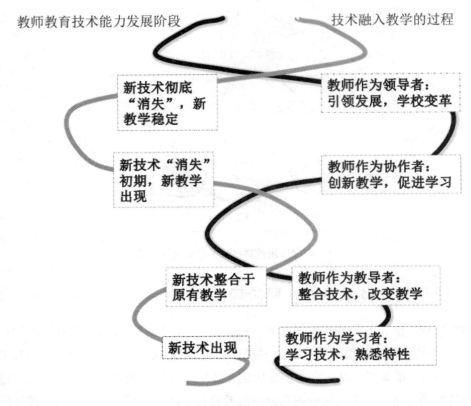

图 2-5　教师教育技术能力发展变化示意图

　　教师作为学习者：技术对于教师而言是新事物，这一阶段教师的主要任务是学会使用这种新技术，并能够熟练地在教学环境以外的工作和生活环境中使用这种新技术。教师能够在使用这种技术的同时体验和感受新技术带给个人的便利，开始设想新技术在个人的教学中能够发挥的潜在作用和价值。教师群体间交流的主要内容涉及技术使用特性、技巧等。教师在熟练使用新技术的过程中产生将新技术带入个人教学活动与过程的冲动。

　　教师作为教导者：教师已经掌握技术本身的常用功能，在期望技术发挥教学作用的热情下开始尝试在个人的教学中使用它。教师在这一阶段的主要任务是能够熟练地在教学中整合技术，形成技术整合于教学的初步经验，并提高教学效率。教师主要关注的是技术作为教育传播媒体的作用。为了能够更好地达到提高教学效率的目标，教师开始产生强烈的学习教育技术理论知识的需求，尤其是教学系统设计的知识与技能、过程与方法。教师群体间交流的主要内容从技术本体转向技术整合的教学设计方案与实施技巧。这一阶段可能会持续较长一段时间，教师的关注度逐渐从技术本身的功能属性转向技术与教学整合的系统设计与实施的过程与方法。在长时间的理论学习与教学实践中，逐渐能够熟练地将技术作为教学传递工具，提高教学效率。

　　教师作为协作者：教师已经熟练地掌握了技术作为教学传播工具的使用方法，开始不满足于技术单纯作为教学工具的教学。技术作为教学传播媒体的新教学已经出现，教师开始把关注焦点从技术整合于教学的教学设计过程与方法，重新转回到促进学生学习、发展与创新上来。教师产生了新的学习需求，期望能够学习和尝试技术促进学生学习的方法。这阶段的教师更加关注建构主义学习理论，尝试让学生使用技术，探索在师生共用技术的条件下如何组织新型教学。教师在实施新型教学的过程中，不知不觉地逐渐从教学指导者演变为学习协作者。处在这一阶段的教师不仅关注教学效率的提升，而且关注学生学习与创新的发展，会在二者之间寻求平衡点，"以学生发展为本"的新型教学酝酿生成。教师群体间交流的主要内容回归到学生的学习与发展。

教师作为领导者："以学生发展为本"的新型教学结构逐渐稳定，技术作为教学传播和学生学习的工具，价值得到最大限度的发挥。这一阶段教师的主要任务是创造性地将技术融入教学的实践转化为理论模型，并有意识地引领教师群体的教育技术能力提升，促进学校整体教育信息化的发展。教师开始以研究者的身份对新型教学进行研究，产生不断学习新的教学理论的需求。这一阶段的教师开始从"优秀教师"向"教育家"的角色转变，教师在研究、探索"以学生发展为本"的新型教学结构的过程中，形成技术促进学习创新的教学模型，开始以技术领导者的身份进入教师群体，推动教师发展共同体的形成，引领技术创新应用，进而促进学校整体教育信息化的发展。

教师从技术学习者角色过渡到技术整合者，再从技术整合者转变为技术创新者，最终成为技术领导者，在教师发展的这四个阶段中，每一阶段都有在教育技术能力发展中的核心能力。教师作为技术学习者阶段，技术学习力是核心；教师作为技术整合者阶段，技术整合力成为教师利用技术改变教学的核心能力；教师作为技术创新者阶段，技术创新力使得教师可以从创新技术使用的角度重新思考技术促进学生学习的优势与潜能；教师作为技术领导者阶段，技术领导力令教师群体得以共同发展，学校整体的教育信息化向前推进。

虽然在教师教育技术能力发展中，我们根据技术融入教学的过程将教师教育技术能力发展划分为四个相对独立的阶段，但是值得注意的是，教师发展的不同阶段并不一定是线性的、彼此割裂的过程。事实上，它是一个非线性的、循环往复的，抑或是非线性的、跨越式的发展过程。例如，教师在学习使用 PowerPoint 的过程中，在技术学习者阶段看到的主要是 PowerPoint 工具本身的功能和使用技巧，虽然在教学中使用 PowerPoint 的前提是熟练应用 PowerPoint 的技能，但是在教学中考虑如何合理地利用 PowerPoint 进行教学传递时，一方面教师需要学习教育技术理论知识；另一方面，处于教学指导者阶段的教师在学习者阶段往往没有学习到的新的 PowerPoint 使用技巧，如触发器的应用等，还有 PowerPoint 作为教育传播媒体的技术应用技巧，如超链接的应用、艺术构图等。这时，处于教学指导者阶段的教师实际上已经部分地回到了技术学习者阶段，处于技术学习者和教学指导者的交叉区域。同样，处于学习协作者阶段的教师也可能在尝试让学生使用技术的过程中需要重新认识技术的使用特性，从而回到技术学习者的阶段，重新学习技术。

第三节　师范生的教育技术能力发展目标

在实施未来教师的教育技术能力培养之前，首先需要明确的是培养目标。就我国目前现有的《中小学教师教育技术能力标准（试行）》来看，对于师范生而言，从职前到入职过渡的"门槛"仍然没有一个清晰的界限，笔者曾就何谓"合格的师范毕业生所拥有的教育技术能力"咨询过多位教育技术领域的专家、学者，但都没有得到一个确切的答案。我们有必要从教师教育一体化的角度重新设计师范生教育技术能力发展的目标，使不同发展阶段的教师发展目标更加具体化、可操作。本节从教师教育技术核心能力构成框架和我们对教育技术内涵的认识两个维度出发，具体分解师范生的教育技术能力培养目标。

一、教师教育技术能力构成框架

从教师作为学习者到教师作为领导者，技术学习力、技术整合力、技术创新力和技术领导力分别作为各个发展阶段的核心能力对教师的角色转变起到支撑作用。教师的技术学习力是指教师能够快速学习和适应新技术的能力，以教师的信息素养为基础。教师的技术整合力是指教师能够在已有教学结构中合理地融合新技术，使新技术最大限度地发挥其作为教学传播媒体的作用，提高教学效率的能力。教师的技术创新力是指教师能够发现技术促进学生学习与创新的潜在优势，并能够在教学中调动学生利用技术进行学习与创新，形成新型教学结构的能力。教师的技术整合力和技术创新力以教师所具备的技术融入的学科教学设计与实施能力为前提，离不开教学系统设计理论与方法的学习。教师的技术领导力是指教师能够对技术融入的学科教学进行深度反思，形成新型教学模型的能力；能够与教师发展共同体的其他成员有效地协作、交流、沟通，使这种教学模型得到有效的发展和传递的能力。教师的技术领导力以教师的教育技术研究能力为必要条件。

教师作为学习者、教导者、协作者和领导者的发展阶段划分只是为了提升研究的可行性而做的一个相对分离的划分，实际上教师作为一个知识经济时代的个体，这四个阶段所要求的能力素质应该在教师身上表现为一个完整的统一体。教师在学校生活中所表现出来的应该是这四个身份兼具的行动能力，教师的教育技术能力发展的核心目标应该是技术学习力、技术整合力、技术创新力和技术领导力有机融合的能力。结合前述有关教师教育技术能力要素的分析，即教师的教育技术能力核心要素包括：（1）一般信息素养；（2）技术融入的学科教学设计与实施能力；（3）教育技术研究能力。这三个核心能力构成了教师在技术融入学科教学过程中的关键能力，如图2-6所示。

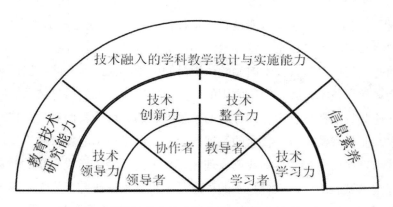

图 2-6　教师的教育技术能力发展与核心能力示意图

二、对教育技术内涵的认识

"教育技术"一词最早出现于 20 世纪 60 年代。回顾教育技术的发展历史，从 20 世纪 20 年代美国视觉教学运动开始至今，教育技术虽几易名称，更迭定义，但始终未脱离"技术"的定位，教育技术是从技术的视角解决教育问题的一个领域。北卡罗来纳州州立大学媒体中心于 1997 年提出的教育技术定义指出，教育技术是"运用研究、学习理论和新出现的技术以及儿童、成人心理学去解决教学及绩效问题"。教育技术"关注的是各种技术在教育中的应用"。那么，什么是"技术"，教育技术中所涉及的技术又有哪些，具有什么特征，等等，这些问题也成了教育技术研究领域的人员深切关注的本质问题。

国内外众多学者都给出了自己的见解，其中李康对教育技术不同层面的内涵做了深入剖析。他认为"教育技术是一个多层面理解和解释的概念。不同的层面，意味着教育技术的领域的不同，研究对象的大小也不同"。他指出了在现实研究中存在的三个层面的教育技术概念：（1）"泛层面的教育技术"概念，是把教育或进行教育活动看作是一种技术，如何进行教育的问题就是技术问题。故教育就是教育技术。（2）"广义层面的教育技术"概念，是把"存在于教育领域中的所有教育方法、技能、设备和资源以及它们的教育应用看作是教育技术"。（3）"狭义层面的教育技术"概念则是把"教育技术划定在特定的领域，一般以具有一定科技含量的视听工具和现代信息技术的教育应用为基础，研究相关的教育现象和活动"。显然，泛层面的教育技术并没有指出教育技术区别于教育的本质所在，因此，这种教育技术观也不是我们理解教育技术本质的视角。而"狭义层面的教育技术"虽然将教育技术限定在了教育学科的某一特定的领域，有着区别于教育学科其他领域的特定属性，但是考察国内外有关教育技术的定义即可发现，狭义的教育技术观不能完整、全面地反映教育技术所应涵盖的一切因素，尤其是不能反映智化层面的技术因素，因此也是不可取的。相对而言，我们更加倾向于将教育技术理解为广义层面上的教育技术。但是，必须说明的是，广义层面的教育技术将所有教育方法和技能也都看作是教育技术中的"技术"，本书认为还是有泛化的倾向。举个最简单的例子即可看出这种对教育技术界定所存在的问题,如板书技术,显然它不可能被看作是教育技术,如果它也能够被看作是教育技术,则又回到了"将教育活动看作是一种技术,如何进行教育就是教育技术"这种泛层面的教育技术观。因此,我们对教育技术内涵的认识是倾向于广义层面上的,但还对其有所限定的理解,认为:教育技术是教育中所应用的教育传播媒体、现代信息技术等物质层面的技术,以及指导这些技术在教育中合理应用的系统方法的总称。我们对教育技术的这种理解并非无源之水,而是来源于教育技术的发展历史。无论是美国的教育技术发展历史,还是我国的教育技术发展历史都能帮助我们梳理教育技术的内涵,形成这样的教育技术观。考察美国的教育技术发展历史,教育技术的形成是由视听教育研究、教学系统方法应用研究和个别化教学研究三个方面融合而成的。一方面教育技术研究涉及物质层面的技术和媒体,另一方面,也是更为重要的方面是技术和媒体在教育中应用的系统方法。美国著名的教育技术历史分析家塞特勒认为,"程序教学"这条线索代表了教育技术的主流,而视听教学代表了支流。"二战"后传播学和系统方法使得视听教学运动开始从只关注媒体的使用到关注整个教学的过程,从媒体的制作关注到系统方法的指导和运用,从而使视听教学这个支流汇入教育技术"系统应用有关教育教学原理解决教育实践问题"这个主流。考察中国的教育技术发展历史,教育技术起源于我国的电化教育,它的生存和发展部分地是由于传统教学论研究对于教学媒体,尤其是现代教学媒体的忽视和研究空白。这说明,我国的教育技术很早就把研究教学媒体,尤其是现代教学媒体作为自己的"本分"。在从电化教育逐渐向教育技术过渡的过程中,教学媒体如何能够有效地融入教学,从而使媒体在教育中的潜在优势发挥至极致,进而改善教与学的结构成为21世纪初教育技术领域关注的焦点,教育技术研究越来越重视系统设计方法在教学媒体应用中的作用。教育技术更加注重"方法"属性,而非"工具"属性。

由此,我们所理解和认识的教育技术既不单纯等同于媒体技术这个物质层面的可见技术,也不泛化地将所有教学方法和技能囊括在内,而是物质层面的媒体技术与指导媒体技术在教学中有效应用的智慧层面的系统方法的融合技术。我们将它形象地比喻为"包裹着透明外衣(智慧层面技术)的媒体技术(物质层面技术)"。教育技术应用的效果取决于物质层面技术与智慧层面技术的融合度,是以物质层面技术与智慧层面技术为共同自变量的因变量。教育技术既有外显的"工具属性",又有内隐的"方法属性"。教育技术的"工具属性"依托"方法属性"对教育教学产生影响。无论是"工具属性"还是"方法属性",教育技术本身的"技术"定位决定着教育技术的应用必须是合目的的,基于科学的理论与原理的,问题解决式的社会实践活动。

基于对教育技术内涵的这种认识,本书认为教师的教育技术能力表现为利用技术解决教学问题的能力,其能力表现涉及两个层面:第一,物质层面技术的使用技能;第二,智慧层面技术的运用能力。

三、师范生的教育技术能力发展目标

如前所述，构成教师教育技术能力的核心能力包含三个要素，分别是信息素养、技术融入的学科教学能力和教育技术研究能力。基于对教育技术内涵的认识，这三个能力要素中均含有两个层面的能力内涵，即物质层面技术的使用技能和智慧层面技术的运用能力。三个核心能力和两个层面能力内涵构成了一个教师教育技术能力发展目标的二维框架。在教师教育一体化的教育理念下，师范生的教育技术能力发展目标必然以这个目标二维框架为"母体"，只是发展层次与在职教师有所区别。那么，接下来需要探讨的就是师范生的教育技术能力发展具体的培养目标是什么，需要达到何种层次。

1. 教师的教育技术能力发展目标体系框架

如前所述，我们希望重构教师的教育技术能力发展模式，改变现有的"亡羊补牢型"的教师教育技术能力培训模式，转而变为"未雨绸缪型"的教师教育技术能力发展模式。"未雨绸缪型"的教师教育技术能力培养是在终身教育理念下教师教育一体化的具体体现。师范生的教育技术能力发展目标以教师教育技术能力发展框架为基础，结合教师职业生涯理论，其目标体系框架如图 2-7 所示。

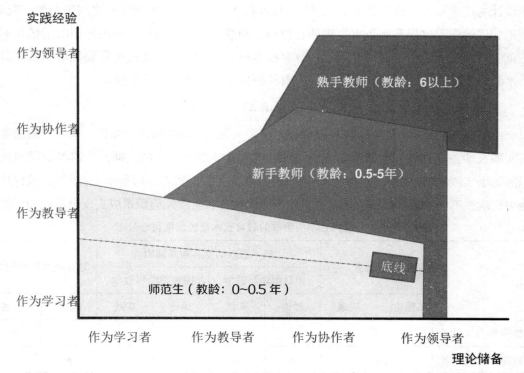

图 2-7　教师教育技术能力发展目标体系

师范生教育技术能力发展需要为未来的终身教育打下良好的基础，使师范生能够自然地在教师教育技术能力发展阶段中间进行过渡，其能力发展主要由两个维度构成，一个维度是教育技术理论的知识储备，另一个维度是教育技术应用的实践经验。理论知识储备维度以教育技术的概念性、原理性知识为主，实践应用经验维度以教育技术应用技能为主。从教师教育技术能力发展阶段来看，师范生教育阶段在理论知识储备维度上应该能够达到"教师作为领导者"阶段，在实践应用经验维度上则以"教师作为教导者"阶段为底线，鼓励师范生向"教师作为协作者"阶段过渡。图 2-7 表明，不同教龄阶段的教师在理论储备和实践积累两个维度上都可能出现"异步"发展的状态，图形的面积表明不同阶段的教师在教育技术能力发展上的侧重点。

在教师教育一体化的理念下，师范生的主要任务是为未来的专业发展打下坚实的基础，他们需要接受最为先进的教育理念，储备丰富的教育教学理论知识，形成教师作为教学者和导学者的最为基本的实践技能，并在教师教育实践环节中体验和感悟教师工作。就教育技术能力发展而言，师范生的三个教育技术核心能力需要不同程度地得以发展。在信息素养方面，师范生需要满足未来社会公民所应达到的最低要求，以适应未来社会中的基本生存，成为合格的社会公民。在技术融入的学科教学能力方面，师范生的理论知识储备和实践经验积累是不完全同步的，理论知识储备需要超前于实践经验积累，首先达到"教师作为领导者"阶段所需的教育技术理论知识素养，包括教育技术的理论基础知识、教学系统化设计的理论知识、建构主义学习理论，以及技术与教育、技术与学科之间关系的研究等。理论知识的学习以提升师范生先进的教育理念和意识为核心目标，单纯知识的记忆并不是师范生教育技术能力发展的关键。在教育技术研究能力方面，师范生需要理解和掌握教育技术研究方法方面的理论知识，熟练应用各种教育统计软件的常规技术。

2. 师范生教育技术能力发展的具体目标

由图 2-7 可知，师范生的教育技术能力发展一方面需要丰富理论知识，另一方面需要提高实践技能。在发展的道路上，理论知识和实践技能是不同步的，师范生培养阶段理论知识需先于实践技能的发展，以开阔思路、提升意识为主。如表 2-5 所示，三个核心教育技术能力表现在不同的教师发展阶段时，其理论知识储备和实践经验积累应表现出不同的层次。

表 2-5　教师在不同阶段的教育技术能力发展重心分布

	信息素养		技术融入的学科教学能力				教育技术研究能力	
			授导型学科教学		探究型学科教学			
	理论	实践	理论	实践	理论	实践	理论	实践
教师作为学习者	★	★	★	☆	★	☆	★	☆
教师作为教导者	☆	☆	★	★	★	☆	★	☆
教师作为协作者					★	★	★	☆
教师作为领导者					★	★	★	★

注：☆代表"重要"，★代表"极重要"

由此，师范生的教育技术能力发展定位于"开阔视野，提升意识，强化基本技能"，做到多方面接触技术融入的学科教学问题、案例，并以问题、案例为中心，丰富教育技术理论知识、探索问题解决方案，并有步调地初步展开教育技术实践问题研究。师范生要逐渐发展教育技术两个层面的技术实践能力，一是智慧层面的技术应用能力，二是物质层面的技术使用技能。其具体的培养目标如表 2-6 所示。

表 2-6　师范生教育技术能力发展的具体目标要求

教师核心教育技术能力	教师教育技术能力发展目标	师范生阶段的培养目标	
		智慧层面技术运用目标	物质层面技术使用目标
信息素养	恰当地运用信息通信技术解决信息问题，对与信息有关的伦理道德和法律法规有基本的理解	能够理解并清楚地表达信息需求；建立有效的信息搜索规则；判断信息的可靠性、真实性、相关度及其价值；能够有效利用信息综合的策略，形成新的知识；在整个信息问题解决过程中安全地、负责任地、符合信息伦理道德和法律法规地使用信息及信息技术	具有基本的 ICT 技能，能恰当地运用 ICT 获取、存储、加工、管理和发布信息
	具有不断学习新知识和新技术的意识，具有将已有知识迁移到新情境中，学习和应用新知识、新技术的能力	在学习信息通信技术的基础上，认识信息通信技术解决问题的共性工作原理与核心思想，并恰当地运用到新技术的学习中	充分利用已有的 ICT 技能，获取关于新技术的资源，善于发现新技术，并利用各种机会学习新技术
技术融入的学科教学设计与实施能力	设计和开发技术丰富的数字化学习环境，使学生沉浸在探究真实世界问题的情境中，在解决问题的过程中获取和创造性地应用所学的学科知识	熟悉整合技术的各种建构主义学习理论；深入理解本学科的概念与原理，恰当地选择或设计适合本学科学习的技术工具和资源。熟练掌握问题（主题）设计的原则与方法，设计适合本学科建构主义学习的问题情境	熟练运用各种技术工具和资源创建数字化学习环境；熟悉本学科专有的技术工具和资源，并利用这些技术工具和资源创建合适的数字化学习环境
	设计和开发课堂与单元学习活动，帮助学生在学习活动中获得与提升信息素养	帮助学生识别各种技术工具和资源在学习中的作用和价值	熟悉各种技术工具和资源的特点，并能灵活运用；有效解决学生在学习活动中出现的技术困难
	理解一般信息通信技术与学科特定工具的有效应用与国家课程标准的实施之间的关系，设计与开发技术丰富的学科课程	分析和总结本学科特定的技术工具和资源的特点；设计技术整合的学科课程目标、内容与实施策略	熟练使用本学科特定的技术工具

教师核心教育技术能力	教师教育技术能力发展目标	师范生阶段的培养目标	
		智慧层面技术运用目标	物质层面技术使用目标
技术融入的学科教学设计与实施能力	理解一般信息通信技术与学科特定工具的有效应用与国家课程标准的实施之间的关系，设计与开发技术丰富的学科课程	分析和总结本学科特定的技术工具和资源的特点；设计技术整合的学科课程目标、内容与实施策略	熟练使用本学科特定的技术工具
	理解多样化的学生，设计技术丰富的学科学习经历，为学生提供各种运用技术进行学习的机会，支持全体学生的学科知识学习	结合已有的教育教学理论和学习理论，准确地分析学生已有的学科知识和技术使用水平；识别各种技术工具和资源对于学科教学策略和方法的意义和价值；设计多种融入技术工具和资源的学科学习活动	利用各种技术工具，调查和统计学生的学习习惯、学科学习心理和先前知识，以及技术使用习惯与技术应用水平；运用合适的技术工具和资源实施学科教学；运用合适的技术工具和资源改进学生的学科学习
	组织和管理技术丰富的课堂环境中的教与学的资源和活动，确保全体学生的课堂学习与交往正常、顺利地进行	识别不同课堂组织形式能够适用的技术工具和资源的管理与分配方式，批判性地分析各种技术工具在教学中的优势与局限	有效地应用技术工具对学科教学与学习资源进行高效地管理；在技术丰富的课堂环境中组织学生的学习活动，管理学生的学习资源
	设计和实施多元主体、多种方式的，技术融合的形成性评价和总结性评价，合理利用评价结果改进学科教学	批判地分析各种技术工具在形成性评价和总结性评价中的作用和价值、优势与局限；综合各种学生学习结果的反馈信息，调整和改进学科教学	合理地运用技术工具，对学生的学科学习结果进行形成性评价和总结性评价；合理地运用技术工具，对学生的学科学习提供及时、准确的反馈
教育技术研究能力	合理利用各种数字化工具和资源，持续不断地提升自身的专业素质，提高自身在教学与研究方面的生产力	根据学科教学实践，判断和调整新技术学习的方向和内容；判断各种数字化资源对于自身专业发展的价值，掌握快速、有效地获取这些资源的方法与策略，掌握信息资源管理的方法，以支持自身的专业实践；持续地反思和总结适合自己的专业发展策略；灵活运用各种工具有效地组织自身掌握的资源，与学习共同体中的成员分享	利用各种数字化工具，持续地评价和反思自身的专业实践；安全、合法、高效地获取和利用数字化资源，支持自身的专业实践，包括教师知识的获得和生产力的提高；利用合理的技术工具和资源，合法地参与数字化学习共同体的各种活动

教师核心教育技术能力	教师教育技术能力发展目标	师范生阶段的培养目标	
		智慧层面技术运用目标	物质层面技术使用目标
教育技术研究能力	利用各种数字化工具和资源与学生、家长、同事、同行、专家等进行合作与交流，在数字化交往过程中提升多元文化理解力	归纳、总结有效的技术整合的应用模型；选择合适的传递策略，向同事、同行、家长等传递有效的技术整合的应用模型	利用合适的技术手段和工具，向同事、同行、家长等传递有效的技术整合的应用模型；向同事、家长和学生示范安全、合法地使用信息技术和信息资源

第四节　师范生教育技术能力结构体系

在师范生教育技术能力结构模型构建方面，已有部分学者和研究人员进行了相关研究。其中比较有代表性的是瞿堃提出的师范生教育技术能力应该包含四个方面：基础理论、技术操作、资源应用和课程整合。

教育技术的基础理论、相关的技术操作和资源应用是整个培养内容的基础部分，它们位于底层；课程整合是教师在相关理论指导下，将技术、资源与课程教学实践进行综合的一种能力，是我们所培养的未来教师能够从事信息化教育教学实践的最好体现。因此，在培养内容中课程整合建构在底层基础之上，位于顶层。对免费师范生教育技术能力的培养，最终就是要达到让其学以致用，在现代教育教学观念的指导下，能够合理有效地将有限的技术、资源整合到自己的教学实践之中，发挥 1+1>2 的整合效应。

杨双双认为，师范生的教育技术能力（素养）应该包含意识与态度模块、知识与技能模块、能力模块和创新模块四个模块，着重强调了应用教育技术进行创新的能力培养。知识与技能是指有关教育技术的基础知识和基本技能，是免费师范生教育技术素养的重要组成之一。它是免费师范生教育技术能力形成的基础，只有对教育技术的相关知识和技能有总体的掌握，才能在教育教学实践中得心应手地运用教育技术来达到优化教学的目的。能力是指运用教育技术的知识与技能，分析和解决教学问题，以实现教学最优化的能力总和。它是教育技术知识与技能素养的外化形式。在对免费师范生教育技术素养的培养上，应该重视学生利用教育技术进行教育创新的能力培养。意识与态度是指对教育技术的认识取向，这主要反映在对教育技术重要性及教学应用意识上。

孟庆双和沈书生认为，教师教育技术能力的结构可以概括为教学设计能力、知识理解和技术操作能力、交流沟通能力、反思能力和教育科研能力五个方面。他们把教师的发展分为三个阶段，即求生存阶段（survival stage）、调整阶段（adjustment stage）和成熟阶段（maturity stage）。教学设计能力、知识理解和技术操作能力、交流沟通能力可以视为教育技术能力的基本能力，是求生存阶段、调整阶段和成熟阶段都要求具备的能力，在求生存阶段就已获得。但在调整阶段和成熟阶段，这三种能力并不是对求生存阶段的简单重复，而是不断提升、发展变化的过程。

陈维维尝试构建了一个实用的、具有一定前瞻性的师范生教育技术能力体系，具体应包括信息技术基础能力、教学软件制作能力、教学软件运用能力、技术与课程整合的能力和技术支持专业发展能力。这些能力依次呈递进式成长，相互联系，互动发展。以信息技术基础能力这一公民信息素养为根基，从软件制作、软件运用、课程整合三个层次构建一个教师在教育技术方面的教学能力；技术支持专业发展能力则为师范生未来的教师职业生涯和终身学习奠定基础。

· 信息技术基础能力

信息技术基础能力旨在培养高校学生的信息素养，具体包括信息意识、信息道德、信息知识、信息能力。它既是大学生未来在信息社会生存所应具备的基本素质，也是师范生形成信息化教学能力的基础。

· 教学软件制作能力

教学软件制作能力包括教学演示文稿制作、课件制作（Flash、Author ware 等）、专题学习网站制作（图像、音频视频、动画等教学资源的收集、加工和集成）、教学平台的使用（Moodle）等。教学软件制作能力对于非教育技术专业的师范生来说，并不应追求技术的全面性、先进性，而是强调在具备搜索网络资源能力的基础上，进而能对所获得的资源进行修改、整合、创新而制作出为我所用的教学课件和学习网站的能力。

· 教学软件运用能力

教学软件运用能力旨在培养师范生将所制作的教学软件运用于教学情境，展示教学信息和学生学习成果，化解教学重点和难点，以期提高教学效率和教学质量的能力。教学软件运用能力的培养需要学生理解信息技术在教学应用中的功能，课堂上在多媒体教学环境下将自己制作的教学软件灵活、恰当地加以运用，或创设学习情境，或进行实验模拟，或创建、展示、演示知识，或用于交流、通信与协作，或用于练习、测试与评估，为后面课程整合能力的培养奠定基础。

· 技术与课程整合能力

技术与课程整合是指"通过课程把信息技术与学科教学有机地结合起来，从根本上改变传统教和学的观念以及相应的学习目标、方法和评价手段"。整合能力旨在培养师范生将信息技术整合于课程教学中，营造信息化教学环境、变革传统教学结构、实现新型教学与学习方式、营造信息文化，以促进学生发展的能力。整合能力需要一定的教育学、心理学、学习科学知识基础，需要一定的教学经验积累，更需要具备整合的意识和心向。因此，师范生整合能力的培养需要在专业发展学校（professional development school，PDS）的教学实践中不断地开发、实践与创新。

·技术支持专业发展能力

专业发展能力是教学改革与发展的持续动力，也是教师标准所强调的核心命题，包括教师系统地思考其教学实践并从经验中学习；教师是学习共同体的成员等。技术支持专业发展能力旨在培养师范生运用技术支持终身学习、支持教学反思、支持教学研究、支持教学改革、支持学习交流与合作，以促进其专业发展的能力。大学是培养教师专业发展能力的起始阶段，也是形成专业发展意识的关键期，师范生教育类课程设置中要充分考虑教师专业发展的意识启蒙和初步的能力培养。

第三章　师范生教育技术能力发展方略

师范生教育技术能力的发展受诸多因素的影响，而不只是一门或两门课程能够解决的。如前所述，教育技术能力应是融合到教师教学能力中的"透明"的能力、"消失"的能力，因此，它的发展应作为系统的一个要素被纳入教师教育的整体中，从教师教育的环境建设、课程建设和教师教育者的发展等多个角度为师范生的教育技术能力发展提供必要的支持条件。本章将从教师教育环境支持、教师教育课程支持和教师教育者的发展支持三个方面，对师范生的教育技术能力发展方略做一些思考与尝试，希望能够对未来师范生的教育技术能力培养提供一些策略上的启示和建议。

第一节　教师教育信息化环境的构建

师范生教育技术能力发展中最直接的影响因素是教育技术实践。这印证了我们在研究之前的理论假设：教育技术知识属于教师实践性知识。但是，我们必须注意的是，师范生的教育技术实践与师范生对学科文化的体认有着相互作用的关系。实习学校的文化氛围是间接促进或阻碍师范生信息化教学能力发展的"无形的手"，师范生在实习学校中的学习具有极强的"文化适应性"，或多或少会受到实习学校文化的影响。师范生学习与实践的信息化环境直接决定着师范生能否有机会实施技术融入的学科教学。因此，师范生的教育技术能力发展首先需要教师教育环境的整体信息化发展，这其中既包括高等教育机构（如师范大学和师范学院）的信息化环境建设，又包括中小学学校的信息化环境建设。作为社会系统的一个子系统，教育系统的任何一个变革都离不开社会系统的支持，教师教育的信息化环境建设需要政府、学校、家长重新认识"学习方式转变和信息化教育对于学生发展的价值"，树立教师教育是政府、学校和大学的共同责任的意识，以社会对学习方式变革的整体认知的改变推动教师教育从"大学为本"范式向"大学—政府—中小学合作"范式转变，进而为教师教育信息化环境建设提供文化制度方面的保障。师范生的教育技术能力发展需要大学与中小学校合作，二者共同为师范生的信息化教学能力发展提供积极的文化土壤，保持师范生在课程学习与教学实践中的一致性。

一、学习方式变革的社会整体认知：教师教育信息化环境建设的文化基础

我们之所以对教师，尤其是未来教师的教育技术能力发展如此感兴趣，不单纯是出于对"教育信息化带动教育现代化""信息技术对教育产生革命性影响"的理想与现实之间差距的反思，更多的还是出于对这个时代和时代中人的发展与学习方式的认识。我们已经被带入了知识经济时代，以生产力和生产方式为代表的社会经济形态已经发生转变，从工业经济进入了知识经济。知识经济使创新成为人类最基本的活动，进而使创新能力的发展成为教育的终极目标。创新以人的批判性思维能力和问题解决能力为基础，以突出知识的多元性理解为代表的后现代知识观必然取代以知识的客观性记忆为代表的现代知识观，人类的学习需要从知识的记忆转向知识的建构。学习要在人与人的对话中发生，在人的行动与反思中发生，更要在技术丰富的环境中通过人与信息的互动来实现个性化。信息技术的发展为学习方式的变革带来了前所未有的契机，然而现实中已经异化了的教育却对信息技术之于学习方式变革的价值带来了极大的挑战。在建设教师教育信息化环境时，改变社会整体对学习方式变革的认识是根本。赵勇（2003）指出，一定的教学环境是不同等级生物交织在一起共同作用的结果，如政府、社会机构、地区社团组织和学校官僚等。在政府和社会对计算机在学校中的应用有着极强的行政要求的环境下，尽管社会机构、地方政府和国家行政部门等各个层级的政策与教师的教学环境有着一定的距离，但无疑它们都会对教师生存的环境产生影响，进而影响教师的技术使用情况。社会和政府机构可以被看作是形成学校生存土壤的地质力（geological forces），或被看作是提供能量的太阳，对教师使用技术的方式和程度产生一定的影响。学区是影响计算机在学校应用的更直接的系统，如果学区提供足够的资源来支持教师应用计算机，那么使用计算机的教师数量就会迅速扩大。如果政府、学校、家庭、社会不能认知知识经济时代应有的学习方式，不改变知识观、学习观、教育观，那么信息化环境的建设将不仅仅是缺乏资金支持，更缺乏文化支撑。

从人的发展的"生态模式"可以更好地理解为何信息化建设需要社会整体对学习方式变革的认知。人的发展的"生态模式"将人的生存环境划分成微观空间、中层空间、外部空间和宏观空间四个层次，宏观空间中的经济模式、文化价值观等会一层一层地影响处于外部空间的学校系统、社区和处于微观空间中的家庭环境、教室环境，最终作用于人的发展。人的发展是处于一个层与层之间相互作用的、相互交织的复杂空间中，知识经济时代要求人的发展要以创造力提升为终极目标，这必然要求人的发展空间中每一层空间的人都能够认识到这个终极目标，并以这个终极目标为推动力，产生学习方式变革的需求，从而形成人的创造力发展所需的复杂空间内的新的教育变革文化。只有在这种文化氛围形成之后，政府、学校、家庭才能产生教育信息化的需求，也只有当多层空间中的群体有了这种学习方式变革的动机，才能够真正认识到信息技术对于教育变革的作用与价值。

实践中，教育技术应用环境仍然是影响和制约师范生教育技术能力发展的重要因素之

一,在我国,直到今天,Brickner 所谓的一级障碍仍然存在,但它的消除却并非 Brickner(1995)所述那么简单。事实上,持续的环境与资源的投入、建设与维护需要改变政策制定者和资金支持者的知识观、学习观、教育观和评价观。尤其在现今我国行政管理意识与服务意识不均等的情况下,要消除环境障碍,更加需要宏观空间、外部空间、中层空间整体学习认知的转变。一个表面上看似资金短缺或不足的问题,实际上是一个社会整体文化认知缺乏的问题。因此,在构建教师教育信息化环境时,我们应关注教师发展空间中各层空间内人的认识,它们共同形成人们对学习方式变革的整体文化认知。

二、教师教育范式的变革:教师教育信息化环境建设的制度保障

知识的性质影响教学过程,近年来研究人员关于教师知识的情境性和实践性的认识揭示出以往教师教育过程中的局限和弊端,传统的以大学封闭式训练为主的教师教育过程应逐渐被由大学和中小学合作的开放式教育所取代,教师教育环境逐渐走向大学与中小学的融合。为使师范生能够在大学和中小学融合的环境中学习如何应用现代教育技术实施有效的学科教学,大学和中小学应在教育理念、环境建设和教师发展等各个方面保持协调一致,使师范生在大学期间接触到的先进教育理念和教育技术能够在中小学的自然教育环境下得以应用和体验,使师范生在中小学环境中实习时不产生理论与实践的割裂感。

然而,现实的情况是,中小学的教育实习环境往往不能满足师范生教育技术应用实践的需求,这一方面是由于社会整体对教育信息化在学习方式变革方面的价值认识得还不够深入,以致政府和学校在教育信息化环境建设方面出现偏颇或不均衡的情况;另一方面,也是由于中小学和地方政府对教师教育的责任意识淡薄。我国长期以来的师范教育以师范生在大学期间的课程学习为主,以中小学教育实习为辅,师范大学将中小学作为自己的附属品,缺乏为基础教育服务的意识,而中小学则将师范生的实习看作是打乱正常教学秩序的一种负担。大学和中小学在师范生培养方面不能责任共担、资源共享,大学教育研究的理论成果不能落实到中小学教育实践中,中小学的教师感受不到大学教授们为自己的专业发展带来的"福音",因而对师范生在建构主义理念下的教学指导十分有限,对技术融入的学科教学指导更是少之又少。

此外,我们调研的结果还表明,师范生进行教育实习的学校中有很多是不具备基本的教育信息化环境的,还有些学校虽然已经为每间教室配备了多媒体计算机和投影仪,但由于长久未用或是设备故障未能得到及时修理已经闲置下来。我们通过大学的实习带队教师和中小学实习指导教师进行了深入了解,发现这种情况的发生表面上是由于学校经费不足,但深层的原因还是由于学校领导或地方教育行政部门对教育信息化以及教育与学习方式变革不够重视。这就又回到了我们前面揭示的问题,人的发展需要各层空间的人在认识和行动上的一致和协调,师范生的培养不仅需要大学和中小学的深度合作,更需要地方政府与大学和中小学的积极配合。大学、地方政府和中小学要形成旨在促进师范生、中小学教师

和高校教师专业发展的学习与发展共同体，就大学而言，全方位地参与教育改革，发展职前和在职教师的专业素养，推进学习型社会的发展，应成为高等教育机构的时代使命。就地方政府而言，积极参与地方教育事业，推动创新人才培养，为地方经济发展与文化教育事业发展服务，应成为新时期地方政府不可推卸的责任。就中小学而言，旨在促进学生创新能力提升的、以教育问题为中心的，包括大学小学在职教师和师范生在内的教师实践共同体应逐渐形成，使教师教育融合在学生发展问题研究的情境中，将教师教育纳入学校教育改革之列。

因此，要保障师范生能够有一个连续的、融合的、整体的学习环境，必然要求大学、地方政府和中小学三方积极协作、责任共担、资源共享、协同发展，"大学—地方政府—中小学合作"的教师教育新范式能确保教师教育系统中的制度要素、人员要素和软硬件环境要素协调一致，从而为教师教育信息化环境建设提供可持续发展的制度保障。

三、教师教育信息化资源建设：教师教育信息化环境建设的核心行动

从系统论的观点出发，大学和中小学硬件设施环境的建设只是为师范生学习如何在技术融合的环境中进行学科教学提供了一个最为基本的条件，师范生作为成人学习者，作为未来的教师，其知识的学习和能力的提升还需要教师教育信息化的相关资源建设为支撑。如前所述，网络资源已经成为目前师范生准备教学时的主要资源，甚至是除教科书以外的唯一资源。这种现象所反映出的是师范生在学习如何进行技术融入的学科教学时，资源极度的匮乏，网络资源是师范生在找不到其他优质案例资源情况下的一种无奈选择。在建设教师教育信息化硬件环境的同时，教师教育的任何一个责任方，包括大学、地方政府和中小学，都有义务为师范生的学习建设优质的学习资源，使资源的设计与开发成为教师教育信息化整体环境建设的核心行动。

资源的建设应以师范生教育技术能力发展的目标为中心，以大学教师、中小学教师和师范生组成的教师教育实践共同体为建设主体，围绕真实的技术融入的学科教学问题的研究与解决进行设计开发。大学教师、中小学教师和师范生在协同解决技术融入的学科教学问题的过程中，探索技术融入的学科教学模式，形成教育技术研究成果。这些成果一方面用于师范生教育技术能力发展的可持续性资源，作为师范生案例学习、问题学习和项目学习的支架；另一方面服务于地方或区域基础教育信息化，促进地方、区域甚至全国范围内的教师专业发展，推动区域范围或全国范围的教育信息化均衡发展，为学生的学习提供支持。

国际上一些先进的做法值得我们借鉴，如最著名的教师技术学习资源——北艾奥瓦大学的"教育方法课程中整合新技术数据库"（Integrating New Technologies into the Methods of Education Database），这个可索引数据库包括 540 个优质技术整合案例的视频片段，并按照学科内容和教学情境进行了分类。每个插图都有课程的原始视频和视频剪辑、教师手

写和视频叙事／反思、滚动的脚本、背景信息、教师对课程的概述、观看者能够探索的问题以及在线论坛等。所有这些特质都整合在一起，目的是使教师教育者，抑或是职前教师能够很轻松地观看、分析和评价示范性的技术整合模式。这种资源库的建设为师范生观察和研讨技术融合的学科教学提供了可能，这种观察和研讨为师范生建立技术融合的教学知识和形成技术对教育的价值认识提供了平台，师范生由此通过分析技术融入的教学策略和方法，形成优质的技术融合教学观。

第二节　教师教育者的教育技术能力发展

教育技术能力是教师能力的有机组成部分，教育技术知识的学习必须与其他教师教育课程的学习发生联系，教育技术课程序列必须与其他学科教育和教师教育课程系统设计融为一体。很明显，我们对师范生教育技术能力的发展策略是倾向于"整合策略"的。事实上，国际上几个关于教师能力标准的组织也强烈推荐在职前教师的技术整合能力培养方面运用"整合策略"。然而，整合策略虽然在提高职前教师的技术信心方面是成功的在职前教师的技术技能改善方面也是成功的，但是这种策略受教师教育者的教育技术能力的制约，同时，职前教师在大学课堂中所学的知识也由于受中小学校长、教师等人员的技术整合态度与能力欠缺的影响，而难以转化为中小学课堂教学的实践行动。因此，作为整体的师范生教育技术能力发展策略，教师教育者的教育技术能力水平显得尤为重要。本节主要从行动理念的角度探讨教师教育者的教育技术能力发展策略。

教师教育者的概念，从广义上说可以包含所有对师范生教学能力发展有帮助的教师，如学科专业教育的教师、大学教师教育课程的授课教师、中小学教育实习学校的实习指导教师等，如果以"大学—地方政府—中小学合作"的教师教育范式来实施教师教育，那么广义的教师教育者还将包括地方教育行政部门的管理人员和中小学学校的校长。从前述对师范生的调查研究结果来看，对师范生教育技术能力发展有着最为直接影响的教师教育者实际上主要为三个群体：一是教师教育系列课程的授课教师，如教育学、心理学、现代教育技术的授课教师；二是学科教学法课程的授课教师；三是教育实习学校的实习指导教师。也就是说，教师教育者从狭义上来说，主要涉及这三类教师。

一、以教育技术专业领域的教师为节点形成教师教育者发展共同体

从教育技术知识的性质与教师教育其他课程的融合角度，以上三类教师作为教师教育者必须能够在教育技术态度和信念方面达成共识，能够在知识和技能上具备技术融入的学科教学的理论研究与实践指导能力。因此，旨在培养师范生教育技术能力的教师教育者发展必然要涉及教育技术能力。就成人学习者的特点而言，成人学习者学习的目的性更强，

注重实用性，而且从已有教师教育技术能力发展的经验来看，单纯的集中培训已经不能满足教师的发展需求。要使教师专业发展走向深化，中小学的教师需要大学教育理论工作者的引领，大学教育理论工作者也需要在与中小学教师交往互动的过程中，验证理论，指导实践。因此，教师教育者的教育技术能力发展需要形成教师教育者的发展共同体，三类教师教育者需要在相互依存的共同体中提高对技术价值的认识，改变技术应用的现状，创新技术融合的模式。共同体的表层目的是促进教师教育者的教育技术能力发展，而深层目的则是促进教育技术变革教与学的方式，这必然要求技术、学科、教育、学习等多种教育系统要素的互动依存。教育理论从业者需要系统的设计方法来搭建通往实践的桥梁，教育实践从业者需要将理论转变为直接的行动技术，因此，教育技术专业领域的教师作为教育技术理论与实践的专业研究者，需要以教学设计师的身份，作为技术融入的教学问题的专业从业者，将大学教师和中小学教师凝聚在一起，使大学教师和中小学教师都能够感受到技术融入的教学对于学习方式变革的重要性，产生学习、研究与实践教育技术的需求。

二、以真实的教学问题解决为依托促进理论发展和资源共生

在斯库德勒的研究中，四所教育学院的优质项目显示，尽管为大学教师和师范生提供了设备、资源以及技术培训的相关支持，但技术本身并不能带来教育的变革，大学教师所掌握的技术类知识也不一定就意味着他们会在教学中使用这些技术。列瓦伦（Lewallen，1998）的研究就曾指出，所有被调查的大学教师都会在办公室或家中使用技术（如文字处理软件、电子邮件和互联网等），但只有不到三分之一的教师在教学中整合了技术，或要求他们的学生在课程学习中使用技术。"我对在课堂上使用技术持开放的态度，但我不用是因为我觉得这些技术在我的教育心理学课堂上没什么作用"，这是一个大学教授的话语，这位教授之所以没有在课堂上使用技术，是因为她认为技术与其教学不匹配，教师看不到技术使用与其教学之间的联系和适应度。也就是说，影响教师技术整合的因素中，其中很重要的成分是，教师能够看到技术使用对于其教学的价值。

教师教育者作为成人学习者，其学习的目的性更强、更加注重实用性的特点也决定了教师教育者的教育技术能力发展必须以解决真实的教育教学问题为导向。问题既可以来自中小学一线教学，也可以来自大学教师的教师教育变革实践，还可以来自教师教育者引领师范生提升教学能力的过程。对于问题的解决，教师教育者的行动不是盲目的，可以融合中小学教师专业发展中常用的行动研究和教育技术领域新近发展的设计研究，有目的、有计划地通过设计、行动、反思，创造性地解决问题，形成解决问题的模型和教育技术能力发展的学习资源，在提升教师教育者教育技术应用与研究能力的同时，完善教育信息化理论，积累教育信息化经验，从而带动学校甚至区域范围内的教师共同发展，促进教育均衡。

教师教育者的教育技术能力发展共同体的形成，其终极目标应该是为师范生教育技术能力的发展服务，师范生教育技术能力的发展需要来自中小学一线教学实践的真实案例作

为学习资源，需要教育技术应用模型作为实践取向的培养策略的重要支撑。因此，教师教育者的教育技术能力发展共同体需要以真实情境中发生的技术融入的学科教学问题为依托，围绕真实的技术融入的学科教学问题的解决，发展教育技术应用与研究能力，形成立体的教育技术能力发展资源，推动教育技术理论的本土化。以问题解决为中心的教师教育者发展共同体既要发展教育技术行动理论，又要逐渐生成教育技术学习资源。

三、教育技术研究课题是教师教育者发展共同体的实践承载

要维系教师教育者发展共同体的运行，需要共同体有着共同的目标愿景，就教育技术能力发展而言，共同的目标愿景即是解决现实中的技术融入的教学实践问题，提升教育技术能力。但在实际的共同体运作中，支撑共同体可持续发展的文化制度的创生应该成为教师共同体的"培养基"。这个所谓的培养基应该是教育技术能力发展的专项课题，教师教育者发展共同体的外在表现形式即是课题组，其学习的载体——真实的教学问题解决则表现为教育技术研究课题。通过专项研究课题的形式，以上三类教师教育者共同作为课题组成员被分别赋予了课题研究的责任，履行课题研究的义务，自然地形成了教师教育者发展共同体的制度文化。作为课题组成员，每一位教师教育者都担负着各自的角色，包括教育理论工作者、学科教育专家、教育实践工作者和教学设计师等，这些角色赋予了共同体成员应有的权利，每个成员都对课题的研究起着至关重要的作用。无形中，这种对共同体成员的赋权行为也增加了每个共同体成员的能力提升需求，教师教育者更有动力学习、探索和创新教育技术理论与实践，从而确保共同体的良性和可持续发展。

第三节 教育技术能力发展课程体系的建设

课程作为教育的载体，在任何时候对于需要系统化学习知识的人而言都是极为重要的。课程设计与实施的优劣直接或间接地决定着学习者知识、技能与态度的形成和发展水平。课程作为影响人的发展的基本途径在教育领域一直受到高度的重视，系统培养教师的教师教育领域当然也不会例外。本节我们将以师范生教育技术能力发展的目标和需求为依据，讨论如何建设师范生的教育技术能力发展课程。

从前述有关教育技术能力发展路径的分析来看，教师的教育技术能力发展需经由"一般信息素养—学科信息素养—技术融入的一般教学素养—技术融入的学科教学素养"的过程得以实现。因此，师范生的教育技术能力培养课程应由体系化课程构成，而不能单纯依靠教育技术公共课承担所有的发展目标。此外，前述有关师范生教育技术能力发展影响因素的分析结果表明，师范生的教育技术能力发展不能脱离学科情境，教育技术能力发展的系列课程，包括各种教育技术的实践环节必须深入学科，在提升学科教学质量的过程中确

立教育技术的"合法身份"。有研究者认为，很多学科课堂结构已经根深蒂固，甚至成为技术融合难以逾越的障碍。因此，教育技术类课程必须构建学科教育技术创新模型，通过学科教育技术创新模型的应用，与已有的学科文化博弈，形成技术融入的学科文化。在教育技术发展课程体系建设的过程中，除了依据师范生教育技术能力发展路径和影响因素的分析结果，还需要考虑教育技术知识的性质，从心理逻辑和学科逻辑双重视角构建课程体系。本节首先分析教育技术知识的性质，然后结合教育技术能力发展路径，提出教育技术能力培养课程体系框架，最后结合教育技术能力发展的影响因素分析结果，提出教育技术课程实施策略。

一、课程设计的知识基础：教育技术知识性质的再认

任何教育过程都涉及"教什么"和"怎么教"的问题，也就是说课程的内容与课程的教学方式将会是一个永恒的课程主题。"教什么"需要回答"什么知识最有价值"，而"怎么教"则需要回答"知识要怎么学习"。因此，课程内容和课程实施实际上都在探讨"知识是什么"，知识的性质决定了课程内容和教学策略的选择，教育技术知识的性质决定着教育技术能力发展课程的内容选择与实施策略，是教育技术能力发展课程的基础。

那么，教师拥有的教育技术知识究竟具有哪些性质。新技术进入已有教育系统是一个从冲突到融合最后消失的过程，正如赵勇（2003）对技术的形象的比喻——外来入侵物种。技术作为原有教育系统的外来入侵物种能否在已有的生态系统中存活下来，能否与原有生态系统中的各个物种和平共处，并最终成为新的生态系统的一份子，主要取决于它是否能够与已有生态系统相互融合、互相兼容，这不仅依赖于它本身所具有的生命特征，而且依赖于它与已有生态系统之间的融合情况。技术在教育中融合、消失的过程表现出两种基本的状态，或者被已有教育系统同化，或者改变已有教育系统。因此，教育技术知识不是一种固定不变的知识，而是一种动态变化的知识。它是教师在充分理解并融合技术特性知识和教育系统知识的基础上的复杂知识，以关于技术特性的认知和关于教育系统的认知为前提条件，但同时又包含有关如何恰当地使用技术进行教学的知识，如 Mishra & Koehler（2006）指出的 TPCK 知识，Pierson（2001）指出的技术整合知识。

（一）动态性

教育技术知识具有动态性，它不是一成不变的、固定的、死的知识，它需要根据教育系统要素的变化而不断变化，这些要素包括内容特性、学生特征、环境条件等。在技术与教育同化或顺应的过程中，教育技术知识时而表现为外显特征，时而表现为内隐特征。当技术特性还没有被完全认识时，教育技术知识以技术特性知识为主，表现为外显性，然而，当技术特性被充分认识，已同化或顺应教育系统各要素时，教育技术知识则以 TPCK 知识为主，此时的教育技术知识表现为内隐性。因此，教育技术知识是动态变化的。

（二）复杂性

教育技术知识具有复杂性，它需要充分认识并灵活运用其技术特性与教育系统相互作用关系的知识。教育技术知识强调对技术与教育系统中各个要素之间的关系的认识，如技术与学科、技术与教师、技术与学生、技术与教学等，表现为根据学科、学生、教学、环境、教师等各个已有教育系统要素的变化，有效地调整技术的应用，以适应教育系统各要素的变化的特征。教育技术知识是复杂的教师知识中的重要组成部分，尤其是在教师的实践性知识中，教育技术知识的复杂性更为明显。

（三）阶段性

教育技术知识具有阶段性，它以对技术特性知识的理解为基本前提，以技术融入的学科教学知识为高级阶段和终极表现。如果说技术是已有教育系统的外来入侵物种，那么技术要能在已有教育系统中得以生存并转化为新的教育系统的一个有机组成部分，必须以技术本身所具有的特性和已有教育系统的特性之间的相互作用为前提。因此，教育技术知识中必然首先具有对技术特性的充分认识的阶段，教师只有在高度理解了技术本身所具有的特性之后，才能够在此基础上进一步以智慧形态的技术知识，如系统化设计知识，来调和技术与已有教育系统的关系，以生成新的教育系统。

（四）实践性

教育技术知识具有高度的实践性，它既有技术特性的本体性知识，又有对技术融入的一般教学设计的条件性知识，更有能够有效融合技术与已有教育系统的实践性知识，而且实践性知识成分将是教育技术知识的核心。教育技术应用中的教育系统主要由学生、内容和教师构成，这其中人是主要成分，因此具有高度的复杂性。教育技术知识的应用在不同的教育系统要素面前表现为不同的形态，具有个人化和情境化的特点。教育技术知识的有效应用需要教师能够根据情境的变化，经过行动与反思随时调整物化形态和智慧形态技术的应用，以适应教育系统中各要素的变化。

综上所述，教育技术知识是应用于复杂教育系统中的、动态变化的、带有阶段性特征的教师实践性知识的一个重要组成部分，具有高度的情境化和个人化特点。因此，教育技术能力发展课程的内容必然体现出阶段性和系统性的特点，课程的实施必然是实践取向的。

二、课程设计的基本框架：基于路径分析的结果

根据教育技术知识的性质，教育技术能力发展课程必然体现出阶段性、系统性的特点。从系统设计的角度，课程内容和课程策略的设计都需要以课程的目标为基本依据，课程作为教育目的的达成的中介，课程目标又以教育培养目标为标准。因此，师范生教育技术能力发展课程的目标以培养目标为基本依据，即通过课程的学习，师范生能够对技术融入的学

科教学持有积极的态度，有强烈的意愿实施技术融入的教学，并能够在技术融入的教学理念的指导下，科学合理地对学科教学过程与学科教学资源进行设计、实施与评价。在这样的课程目标指引下，根据教育技术知识的动态性、阶段性、复杂性和实践性的特点，师范生的教育技术能力发展课程需要阶段性地引导师范生正确认识技术与个人、技术与教学、技术与学科、技术与学生之间的关系，并能够通过实践环节将师范生对这些复杂关系的理解转化为实践行动。因此，师范生的教育技术能力发展课程需要体系化，形成"信息文化基础"课程、"学科技术应用"课程、"现代教育技术"课程、"学科教学法"课程和"技术融入的学科教学"实践环节的课程序列。

（一）课程设计的基本原则

基于对教育技术知识性质的分析，教育技术能力发展课程的改革不能单纯着眼于某一门课程或某个实践环节的改革，如《现代教育技术》或教育实习环节的改革。教育技术能力发展课程的设计需要体现课程序列当中各门课程和实践环节之间的联系，使课程与课程、课程与实践、实践与实践之间具有内在一致性。为确保每门课程之间的有机衔接和融合，课程设计还需要考虑课程参与主体，尤其是教师，在课程目标、内容、教学、评价等方面的认识的一致性。

1. 系统性

从课程计划（Program）的角度，师范生的教育技术能力发展课程设计需要满足系统性原则，将课程序列中的每一个课程或实践环节都作为课程系统的基本要素，要素与要素之间需要体现联系，前一门课程的学习结果是后一门课程的学习前提，后一门课程的学习要求是前一门课程的设计基础。同时，后一门课程的学习结果也作为形成性评价的一种形式，为该门课程和前一门课程提供实施反馈，根据后一门课程的学习结果，实时调整或修订课程序列，以满足师范生的学习发展需要。

2. 联系性

作为整个教师教育课程计划（Teacher Education Programs）的一个有机组成部分，师范生的教育技术能力发展课程序列还应与其他教师的教育课程紧密联系、相互作用。英国教育社会学家麦克·扬（Michael Young）提出，"'未来的课程'的核心原则就是联系性原则……联系涉及不同科目与学科之间的联系……也涉及学校学习与非学校学习之间的联系"。联系的概念意味着教育技术能力发展课程与其他教师教育课程，甚至学科教育课程之间应该有相互渗透、相互支持的关系，需要形成一个有机的整体，而不是相互割裂、相互冲突。

3. 阶段性

如前所述，教育技术能力发展不可能一蹴而就，教育技术知识与经验的积累需经过阶段性课程来完成。因此，师范生的教育技术能力发展课程必然是体系化的，由几个阶段的课程和实践环节共同构成。从前述有关师范生的教育技术能力发展路径来看，它由"一般信息素养""学科信息素养""技术融入的一般教学设计"和"技术融入的学科教学"等几个环节构成，师范生需要学习相应的阶段性课程：从学习如何使用技术、认识技术与个人的关系，过渡到学习如何使用学科特定技术、认识技术与学科的关系，再过渡到学习如何设计技术融入的教学、认识技术与学生、技术与教育的关系，最后再到学习如何在学科教学实践中融合技术，研究技术与教育系统各要素的相互作用，并形成积极的教育技术意识与态度。

（二）课程设计的基本框架

基于对教育技术知识性质的认识，结合师范生教育技术能力发展的路径分析结果，本书提出以下教育技术能力发展课程的体系框架，如图 3-1 所示。

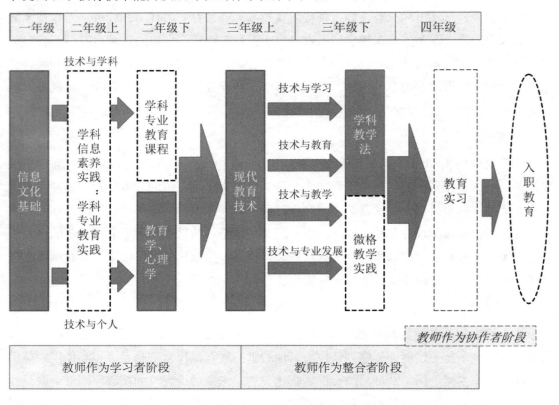

图 3-1　教育技术能力发展课程体系框架

《信息文化基础》课程的核心目标是提升师范生的一般信息素养。师范生通过学习该课程，能够在面对任何有关学习、专业、生活的问题时，准确定义信息问题，确定信息需求，形成合适的信息问题解决策略；能够根据信息需求快速、准确地获取信息，形成对信息的价值判断；能够负责任地、合理地使用信息，加工处理信息，发布信息和交流信息。课程的组织是以信息问题的解决和加工处理过程为线索，一方面满足师范生利用信息技术进行学科专业知识学习的需求，另一方面满足师范生利用信息技术从事教学的需求。《信息文化基础》课程作为师范生的必修基础课程，既属于通识教育的一部分，同时又是学科专业教育和教师教育的基础，因此，应该在大学一年级开设。它的后续衔接课程应是《现代教育技术》课程，但在两门课程之间，还要先学习学科专业课程中学科特定技术的应用，以提升师范生的学科信息素养。

"学科信息素养"实践环节应融合进每一门学科专业教育课程中，其核心目标是强化学科特定技术的应用技能，深刻理解技术与学科发展的互动关系。师范生通过学科特定技术实践，能够广泛接触学科专用设备和软件，熟练使用各种学科特定技术从事专业学习和专业研究；能够深入理解、充分认识技术与学科发展的关系。"学科信息素养"实践环节一方面是为学科专业实践做准备，另一方面也是为学科教学实践做准备。师范生通过利用学科特定技术从事专业研究和学习的过程，通过参与学科专业研究团体的活动（如网络学习社区），形成对技术与学科关系的认知。它的学习应涵盖在整个学科专业教育范围内，体现在每一门学科专业课程的学习过程中。它的后续课程是《现代教育技术》，目的是在具备了一定的学科信息素养之后，能够进行一般教学系统设计过程与方法的学习，为学科教学实践做准备。

《现代教育技术》课程的核心目标是提升师范生的技术融入的一般教学设计能力。通过该课程的学习，师范生能够深刻认识技术与教育、技术与学习、技术与教学、技术与评价、技术与研究以及技术与教师专业发展之间的关系，熟悉各种技术融入的教学环境、教学模式、教学策略和教学方法，并对教育技术的应用研究有所了解；能够熟练应用系统化设计方法，规范地设计一节授导型教学方案和一个探究型教学方案。课程组织的基本线索是技术与教育系统各要素的关系，以"技术与学习""技术与教育""技术与教学""技术与评价""技术与研究""技术与教师专业发展"为六个主要学习模块。《现代教育技术》课程作为教师教育课程的重要组成部分，需要与其他教师教育课程进行有机的衔接。由于教育技术应用的基础是教育理论和学习理论，因此《现代教育技术》课程的开设适合放在《教育学原理》《普通心理学》《教育心理学》课程之后，在师范生具备了一定的教育原理知识和学习心理学知识的基础上，理解技术与教育系统各要素的关系。因为《现代教育技术》课程的学习可以作为技术融入的学科教学实践的理论基础，开设的时间不宜过早，适合在大学三年级开设，但考虑到它对《学科教学法》课程中微格教学环节的指导，建议在《学科教学法》课程之前开设，即大学三年级上学期。

《学科教学法》课程中有关技术融入的学科教学设计的学习与实践是衔接《现代教育技术》课程的一个实践环节，其核心目标是提升师范生的技术融入的学科教学设计能力。这就要求传统的《学科教学法》课程要发生相应的变化，增加技术融入的学科教学研究实践，以"微教学研究"为基本策略，通过师范生对技术融入的学科教学案例的分析、研讨与模仿，加深师范生对技术与学科、技术与教学、技术与学生等各种关系的理解，并在此基础上提高技术融入的学科教学技能。

教育实习环节是教育技术能力发展课程体系在师范生学习阶段的结束，也是师范生入职教育的开始。它的核心目标是通过师范生与真实的教育自然环境的互动，在由大学教师、中小学教师和师范生构成的教师共同体中提高技术融入的学科教学实践能力，并初步具有一定的教育技术应用研究能力。教育实习过程中支撑师范生教育技术能力发展的重要基础是教师发展共同体的形成，它的形成需要以教育环境中技术融入教学的真实问题为中心，以问题的解决为共同体的共同目标。师范生正是通过对真实环境中技术融入的教学问题的解决过程，提升了教育技术知识中的实践性知识成分，逐渐形成个性化的教育技术应用风格。

总之，该课程体系设计的基本思想是：师范生的教育技术能力发展课程是一个有机融合于学科专业教育和其他教师教育课程计划的重要组成部分，师范生的教育技术能力发展不可能单纯依靠某一门课程的学习而达到。师范生教育技术能力的发展就好似盖房子，《信息文化基础》课程是地基型技术应用课程，《现代教育技术》课程是支柱型的核心课程，而技术应用的几个实践环节则是填充支柱空间的关键墙体，包括学科专业教育中技术的应用环节、教师教育课程中技术应用的环节、学科教学法中微格教学环节和教育实习环节。只有当师范生经历了所有的课程学习和实践体验之后，才能把"教育技术能力发展"这座房子盖完整。

（三）课程内容设计实例：《面向有效课堂应用的技术整合》

从以上的分析和论述中可以很清楚地看到，《现代教育技术》课程是支柱型的课程，它起到衔接技术的个人应用和技术的学科教学应用的"桥梁"作用，因而在课程设计中显得尤为重要。然而，我国目前现有的《现代教育技术》课程的内容往往是"照搬"教育技术学本科专业学生的《教育技术导论》课程，因而师范生在学习的过程中普遍感到理论性过强，难以直接指导实践。另外在实际教学中，《现代教育技术》课程为缓解理论偏重的弊端，授课教师往往基于中小学课堂教学的现实，注重演示文稿的设计与制作方面的教学，而这样的教学却又带来课程内容与《信息文化基础》课程的简单、低级的重复现象。两个课程的极端都难以使师范生在学习过程中深刻理解技术与学习、技术与教育、技术与教学以及技术与专业发展的关系。那么，究竟应如何选取适合这种目标的课程内容，如何组织课程内容呈现的顺序呢？为此，我们选取国外的优质教材加以介绍，以期对我国的教育技术能力发展课程改革有所启发。

《面向有效课堂应用的技术整合——基于标准的取向》（*Technology Integration For the Meaningful Class room Use：A Standard-based Approach*）一书的作者是 Cennamo Katherine，Ross John 和 Ertmer Peggy A.，三位作者均从事教育技术研究，并担任《技术整合课程》的授课教师。其中 Ertmer Peggy A. 教授是普渡大学课程与教学系的教师，在教师的教育技术能力发展研究方面颇有建树，其论文《教师教学信念：教师技术整合的终极障碍》曾被引用 500 余次。该教材的编写以 2008 年版美国 ISTE 的 NETS（教师版）为依据组织内容，面向未来教师的教育技术知识、技能和信心的形成与发展，努力使未来教师能够成为自主学习者，有效地在学科教学中融合技术，使技术的应用能够变革课堂。教材编写的取向是面向实践、面向未来的，因此其内容着重体现实用性和前瞻性。它将技术整合看作是一个系统的过程，教师学习的目标是深入理解技术整合的过程，并能够随着技术环境的变化不断适应新的情境。表 3-1 是该书的目录。

表 3-1　美国《技术整合课程》教材目录

1.技术整合：基于标准的取向	12.专业成长与领导力
2.自主终身学习	13.在语言文学课程中整合技术
3.技术与学生创造力支持	14.在英语课堂学习中整合技术
4.支持学习的数字化工具	15.在外语课堂学习中整合技术
5.设计技术丰富的学习环境与学习过程	16.在数学课堂学习中整合技术
6.订制学生的学习活动	17.在科学课堂学习中整合技术
7.评估与评价	18.在社会学课堂学习中整合技术
8.选取和保存学习资源	19.在体育与健康课堂学习中整合技术
9.示范和促进数字化工具的应用	20.在视觉艺术课堂学习中整合技术
10.安全、合法、合理地使用技术	21.在音乐课堂学习中整合技术
11.数字公民与社会责任感	

三、课程实施的基本策略——LT3：基于知识性质与能力发展的影响因素

对专业教育教学策略的考虑必须始于对专业实践本身的性质的考虑。无论从教育技术知识本身的复杂性，还是从技术融入教育过程的多变性，教师教育技术能力的发展都不可能通过讲座或讲授，由纯粹的理论知识学习而完成。从前述有关教育技术知识性质的讨论中，我们提出教育技术知识是教师实践性知识的重要组成部分，关于教师实践性知识的构成要素，陈向明等曾在对大量教师的课堂观察、深度访谈和案例分析中，得出这样的结论：教师实践性知识在形式上至少应该具备四个要素——教师主体、问题情境、行动中反思和信念。教师实践性知识的获得应由教师亲历的方式，在问题情境和行动中反思的共同作用下完成。

（一）LT3 策略的基本原理

LT3 策略的提出并非凭空想象，它是基于对教育技术知识性质的认识，结合对师范生教育技术能力发展的影响因素的分析结果而逐渐形成并清晰的一种可行的课程实施策略。教育技术知识具有情境依赖性、个性化与实践性的特征。

教师教育技术能力中的核心成分在于教师能够在技术融入的环境中，合理运用系统化设计的方法实施学科教学。这种能力是一种在学科教学问题情境中解决问题的能力，在问

题解决的过程中，教师无法脱离具体的学科教学情境而调用教育技术知识。因此，教师的教育技术能力的发展对学科教学情境的依赖性极强，教师对教育技术知识的学习不可能通过条理清晰的理论阐述而完成。

此外，植根于学科文化的"学科教学信念"是师范生教育技术能力发展的重要影响因素，可能成为师范生教育技术能力发展的阻力。当一种新技术无法冲破学科文化，使其顺应新技术环境时，原有的学科文化将被强化。为此，师范生的教育技术能力发展需要为其创设技术与原学科教学系统相互冲突的问题情境，让师范生能够在解决冲突的行动中，生发出创新的、技术融入的学科教学信念。

基于上述原因，教师教育技术知识的学习应遵循陈向明关于教师实践性知识的论断。LT3策略以陈向明关于教师实践性知识的构成要素与生成机制为理论基础。据陈向明的研究，教师实践性知识在形式构成上至少具备四个要素：教师主体、问题情境、行动中反思、信念。教师在行动开始之前，已经通过教师以往的经验形成了自己的实践性知识（PK），它表征的是实际指导教师行动的"使用理论"，而不是教师的"信奉理论"。当教师遇到一个问题情境时，形成了意识上的困惑与冲突。教师意识到原有的实践性知识（PK）不再好用，需要调整和改进。此后，教师通过在行动中反思、与情境对话、对问题情境进行重构，形成教师实践性知识的一个新形态（PK'），并且因其运用所取得的教学效果而被确认为"真"的信念。PK' 有 PK 作为母体，但它已经有所发展。

对于教育技术知识而言，师范生在学习教育技术系列课程之前，尤其是学习《现代教育技术》公共课之前，已经从自己的学习经历中对教育技术有了初步的认识，形成了自己的教育技术信念（PK），正如某校物理专业的实习生所言："我从没讲过完全板书的课。高中时候老师就已经每节课都用PPT了，尤其是英语课老师，做问题的时候直接看选项，给出答案，很方便。老师也会经常给我们看一些外国的视频、歌曲，所以我那个时候就很想学PPT。"师范生原有的教育技术信念能够去伪存真，需经由问题情境和行动中反思而实现。究竟师范生原有的教育技术信念好不好用，教育技术实践成为关键要素，教育技术实践会带来一个真实的问题情境，只有当师范生在问题情境中意识到原有教育技术信念不好用时，才可能有建立新信念的冲动。那么，教育技术知识的学习，其核心的要素之一便是要处于一个问题情境中，一个技术融入的学科教学情境中。

其次，行动中反思这一教师实践性知识的生成机制为我们提出LT3策略贡献了又一原理。师范生对于教育技术实践问题的解决需经由教育技术行动及其对教育技术行动的反思来完成，教育技术知识的学习必然是一种面向实践的学习。要解决技术融入的学科教学问题，没有技术丰富的学习环境难以实现，因此，LT3策略的实施在有了技术融入的学科教学问题情境这一要素之后，需有技术丰富的学习环境作为第二要素。

在具备这两个要素之后，还有其他要素吗？舍恩在反思性实践理论中提出："在错综复杂的专业情境中，反思性实践者往往不是直接应用理论，而是靠他们储存的大量熟悉的例子和主题（'经验库'），通过比照以前的经验'相似地看着'和'相似地做着'，与情境进行交易。情境的反馈又使他们对问题进行重新界定,构造并检验关于情境的新模型。"对于师范生而言,缺乏教学经验使得他们在复杂的教育技术应用情境中解决问题时,需要大量可供参考的例子和主题作为学习的支架。因此,LT3策略的第三个要素即是技术融入的学科教学范例与教育技术理论学习资源。

据此,LT3策略的基本原理是陈向明关于教师实践性知识的生成机制,师范生的教育技术学习过程如图3-2所示,教育技术知识的动态性、复杂性和实践性决定了教育技术的学习必须是一种实践取向的学习,而这种实践取向的学习在现实中的表现是:师范生在技术融入的教学问题情境中,在技术丰富的环境中,利用学习支架(如技术融入的学科教学范例、教育技术理论学习资源等),通过使用技术(既包含物化形态的技术,也包含智慧形态的技术)解决学科教学问题的过程来学习教育技术,并建立新的教育技术信念。

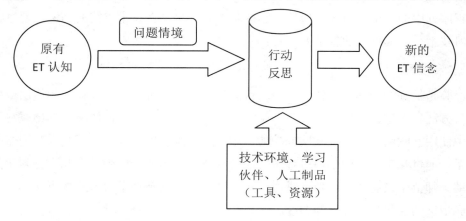

图 3-2　教育技术学习过程示意图

(二)LT3策略的基本理念

1. 性质:技术的学习是一种面向实践的学习

自20世纪80年代开始,受舍恩的实践认识论以及研究者对教师实践性知识的认识的影响,传统师范教育中理论先于实践、理论与实践相割裂的学习过程受到了普遍的诟病。一种理论与实践相融合的、面向实践的学习逐渐兴起。面向实践的学习强调教师在实践中反思实践,通过个人与知识、个人与环境的交互,在实践中形成"教师个人实践理论"。教育技术知识作为教师知识的有机组成部分,其学习过程必然也是一种面向实践的学习。

2. 条件:技术的学习必须在技术丰富的环境中完成

技术的学习只有在技术融入的环境中,通过与技术环境的交互才能完成。这里的技术有两层含义,一层是看得见摸得着的技术工具,师范生必须在技术工具和技术资源丰富的环境中学习技术。另一层是智慧层面的设计方法,师范生必须亲历技术融入的学习方法才能建立起对技术融入的学习方法的意义和认知。如对"问题解决"的学习,师范生必须在教师教育者搭建的"问题解决学习环境"中来完成。

3. 过程：技术的学习必须通过技术的使用而完成

技术既包括物化形态的技术工具和技术资源，也包括智慧形态的系统化设计过程与方法。技术工具和技术资源的使用必然需要通过教师对技术的使用才能完成，这是由技术的工具属性所决定的。而系统化设计作为设计大家庭的一个成员，其创造性、目的性和艺术性等特点也决定着设计的学习必然在参与设计的过程中完成，否则就变成了一种"设想"，是没有"计划"的"空想"。师范生只有在应用技术的过程中，才能深刻体会技术的功能优势与潜在价值，形成正向、积极的技术观。

（三）LT3策略下的可行性教学方法

如前所述，教育技术课程是教师教育课程的有机组成部分，因此，LT3策略应在教育技术课程序列中的各个环节加以应用。它的基本原则是"在技术丰富的环境中通过技术的使用学习技术"，其可行的教学方法有：

1. 体验学习

"经验是最好的老师。"体验学习的目的是师范生通过亲身体验技术的使用或技术融入的学习方法，丰富技术融入的学习经验。师范生通过"做"获得体验，如通过在学科专业学习中使用互联网来体验互联网的功能，增加互联网使用的经验，感受互联网与个人学习的关系。通过基于问题的学习过程学习如何在技术丰富的环境中设计和实施基于问题的学习活动。师范生只有体验了新型学习方式，才能感受到新型学习方式的意义和价值，才能够形成积极的变革学习方式的态度。

2. 案例学习

案例是在缺乏教育真实环境时的一种替代，最近关于学会教学的研究表明，在特定的学习主题下，让教师分析各种实践材料也能有效地促进教师的学习。案例为技术融入的学科教学问题的研讨提供真实的情境，师范生"走进"案例情境中的人物、事件，展开解决问题的头脑风暴，通过对案例中问题的剖析，建构"个人理论"。案例可以是实物，如学生的学习作品，也可以是课堂录像，还可以是故事文本。

3. 设计学习

设计由于其自身的劣构性、复杂性、创造性等特点，对设计本身的学习最适合的方式即是通过设计学习设计。在师范生的教育技术能力发展过程中，师范生的学习时时刻刻涉及设计的成分，对信息问题解决方案的设计，对技术融入的授导型和探究型学科教学的设计，等等。设计学习是一种高度体现LT3策略的精髓——的学习方式，在设计学习的过程中，往往需要教师提供学习支架，如范例、模板等。

当然，LT3策略应该绝不只是以上这几个有限的方法，教师教育者在组织教学活动时可以依据"在技术丰富的环境中通过技术的使用学习技术"的原则，创造性地开发适合于师范生的各种其他教学方法。

（四）LT3策略的一个可供借鉴的案例

以下简要介绍一个通过技术重构学科教学法课程的案例，该案例的作者是安吉利（Charoula Angeli），塞浦路斯大学教育系教学技术学专业的讲师，1993年获得计算机科学硕士学位，1999年获得教学系统技术的博士学位。案例中，教师为了提升师范生的技术整合教学能力，对学科教学法进行了重构，在学科教学法课程中建立了ISD（Instructional Systematic Design，教学系统设计）模型，如图3-3所示。这个模型是用于帮助学科教学法课程的授课教师运用技术重构课程，目的是使师范生能够在这样的课程学习中体验和感受技术在教与学中的价值，通过对师范生学习环境的重新设计，使师范生在学习过程中能够提升教育技术能力，具体而言是指师范生能够将计算机作为学习工具，而不只是作为教学传递工具在教学中使用，从而促进师范生教学实践能力的提升。

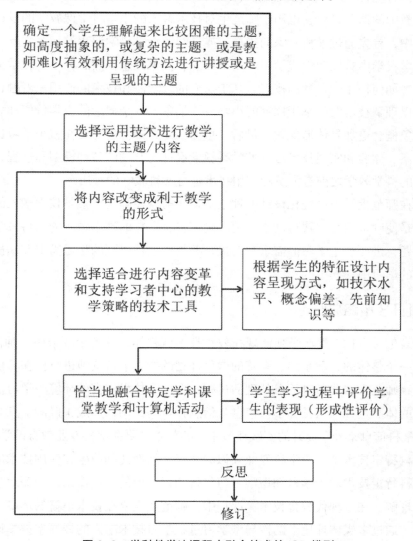

图3-3 学科教学法课程中融合技术的ISD模型

案例中对学科教学法课程的重新设计融合了学科内容、教学法知识和技术，教师在设计教学时需要考虑技术使用的两个方面：（1）技术如何解决高度抽象或复杂的内容的教学问题；（2）技术如何与已有课堂教学进行融合。案例中的学科教学法课程的设计模型可以应用于任何学科的教学法课程，该案例主要是科学教学法课程的设计，目的是使科学课的教学内容、基于探究的教学方法和合适的技术使用之间达到有机的融合，对技术的选用主要考虑了技术固有的属性和功能对科学内容教学的适用性，如可视化功能适合于科学概念的呈现，建模功能适合于科学概念的理解。

该案例中，师范生在学习科学教学课程之前已经学习了两门技术基础课程，学过Word、Excel、PowerPoint、互联网和超媒体的使用，在个人应用技术的层面已经达到一定的熟练度，但还缺乏应用技术设计技术融入小学科学教学的理论与经验。在教学法课程中，教师选用了两种软件，一种是多媒体设计软件，另一种是建模软件。ISD模型既用于学科教学法授课教师的课程设计，也用于师范生对技术融入的小学科学课教学的设计。师范生在课程学习中，首先通过学科专家的指导，或是阅读小学科学课程的相关文献、课程标准等，了解小学科学中难以教学或学习的复杂概念、抽象概念。然后，学科教学法教师会要求师范生思考如何把小学科学的概念、基于探究的教学法和技术的使用三者融合起来，以便师范生可以理解技术对于基于探究的小学科学抽象或复杂概念的教学价值和意义，如技术可以使抽象概念更加具体形象化。最后，重要的是，师范生需要在整个学习过程中有较多机会来观察、体验和实践技术融入的学科教学设计与开发的各种模型和过程，能够在设计技术融入的科学教学之前有大量的应用技术进行学科教学的经历。

之所以在师范生学习系统化设计的理论知识之前就让师范生参与技术融入的学科教学活动，目的是使师范生在实践行动中发现、确定自身存在的技术融入的学科教学设计能力的缺陷和问题，进而产生学习的需求和动机，并带着这种强烈的学习需求和动机进入系统化学科教学的学习中。

（五）LT3策略总结

值得注意的是，LT3策略必须体现在教育技术课程体系的各个环节中，师范生的LT3学习需要在一个整体的、联系的、系统的课程计划的指引下持续地进行。在《信息文化基础》课程中，师范生需要通过信息处理的过程，在信息技术丰富的环境中学习信息处理，以信息处理的体验过程为依托，学习信息与信息技术的使用，形成正确的信息与技术的价值观。在"学科信息素养"提升的实践环节中，师范生需要在学科专业教育的学习过程中，通过应用学科特定技术来完成学科专业知识的学习，从而使师范生在使用技术的过程中体验和感受学科特定技术对于学科知识学习与学科知识发展的促进作用，加深对技术与学科互动关系的理解。在《现代教育技术》课程中，师范生需要在技术丰富的环境中，如多媒体网络教室，通过多媒体环境下的授导型学习过程学习技术融入的授导型教学设计，通过网络环境下的协作学习过程学习技术融入的探究型教学设计，师范生需要通过设计教学的过程学习教学设计的一般过程和方法，需要通过技术支持的建构主义学习方式学习和体验建构主义学习理论，进而加深对技术与学习、技术与教育、技术与教学和技术与专业发展的关系的理解。在学科教学法课程的学习和教育实习中，师范生同样需要在技术丰富的环境中，通过设计与实施技术融入的学科教学来体验、实践和反思技术融入的学科教学的设计过程和实施策略。

第四章 基于"三段式"的师范生教育技术能力培养

第一节 师范生教育技术能力的形成——混合学习

一、混合学习概述

对于混合学习，目前尚没有一个统一的定义。倡导"混合学习"这一概念的何克抗教授认为，"所谓混合学习就是要把传统学习方式的优势和网络化学习的优势结合起来，也就是说，既要发挥教师引导、启发、监控教学过程的主导作用，又要充分体现学生作为学习过程主体的主动性、积极性与创造性"。李克东教授认为，混合学习可以看作面对面的课堂学习和在线学习两种方式的有机整合。Singh 和 Reed 提出，混合学习是"在'适当的'时间，通过应用'适当的'学习技术与'适当的'学习风格相契合，对'适当的'学习者传递'适当的'能力，从而取得最优化的学习效果的学习方式"。尽管各自的定义不同，目前国际教育技术界的共识是，只有将传统学习与网络化学习结合起来，使二者优势互补，才能获得最佳的学习效果。

混合学习有着坚实的理论依据。除了建构主义理论和其他学习理论之外，梅里尔提出的"首要教学原理"也为混合学习提供了重要的理论支持。梅里尔认为，"学习只有在学习者从事解决真实世界里发生的问题时，只有当学习者能够通过论证或应用而激活已知知识并将其作为理解新知识的基础时，新知识才会被整合到学习者的世界当中"。简而言之，只有在学习者承担了合适的任务并知道应该怎样去做的时候，有效的学习才会发生。对于混合学习，正如 Singh 和 Reed 所指出，混合学习必然是有效的，因为学习者在混合学习中不仅要去解决真实世界的问题，也得到了如何解决问题的指导。

混合学习的目的是通过可能找到的"最好"方式去改善学习。在我们探讨混合学习的教学理念之前，有必要先对学习做出基本的说明。按照 Wood 的观点，学习有两种，一种是以记忆为特征的浅层学习；另一种则是深层学习，强调获得并理解新知识，使新知识和个体已有知识相耦合，整合到个体已有的知识框架（结构）中去。浅层学习仅仅关注信息的回忆，只能是一种低效的学习；而深层学习则包含学习者的领悟过程，因此是一种问题解决的学习。显然，混合学习期望能够有助于深层学习。为促进深层学习的实现，混合学习强调情境学习和活动学习。在混合学习中，鼓励学生参加到小组的实践学习活动中，并和同伴们一起以学徒的身份完成实践活动，观察同伴的行为，由此使自己的习惯、信念、个性及技能得到发展。但混合式学习并不局限于此，只要能够有利于促进学生有效的深层学习，混合学习就会对各种可能的方式采取兼容并蓄的态度，包括基于问题的学习、基于活动的学习乃至传统的课堂教学等。

混合学习的模式有多种，Valiathan 提出了技能驱动型模式、态度驱动型模式、能力驱动型模式等混合学习应用模式。技能驱动模式（skill-driven model）是将自定步调的自主学习同教师的在线指导相结合。在这种模式中，学习者同教师之间主要通过电子邮件、论坛进行交互。态度驱动模式（attitude-driven model）是传统的课堂学习和在线协作学习的结合。这种模式是通过面对面的方式先把协作学习中的内容、属性和期望成果（形成态度与行为），以及如何通过网络技术进行协作的有关事项向学习者交代。这种模式要求学习者在无须冒险的环境中，利用在线协作的方式尝试学习某种新的行为。能力驱动模式（competency-driven model）就是学习者与专家共同活动并通过在线方式进行互动以获取隐性知识。决策过程部分受基本事实和工作原则指导，但还需要具有一定的隐性知识。

二、基于混合学习的师范生教育技术能力培养

柯清超根据理论探讨和实践研究，提出了面向混合学习的教师培训体系，该系统由教师、学员、课程和学习环境等组成。构建面向混合学习的学习环境重点要关注以下三大要素：内容——课程的数字化内容及相关素材、案例等资源；协作——面授与在线学习的协调、师生间的教学协作；共同体——形成良好的学习发展共同体，相互促进。这一模式的核心理念包括：①应用 Web 传输教学内容。教育技术能力培训通过 Web 化的网络课程，提供给学习者自定步调和自主性的学习。②面对面的教学与知识建构。面对面的教学包括教师主导下的学习与小组学习相结合，面对面教学的核心是促进知识建构。③形成学习制品。单独的知识建构并不充分，教师还需要在分享这些知识的过程中创造出有形的作品，如教学设计方案、教学课件等。④形成学习共同体。教师通过网络进行协作扩展学习，并形成基于虚拟学习社区的学习共同体。混合学习的教学组织形式主要包括三种教学组织形式：①基于 Web 的自主学习。学员通过 Web 访问课程内容，自定步调，自主学习。②教师主导的集中面授。在多媒体教室中，进行面对面的课堂教学，主要完成课程中技能操作领域的学习。③小组协作学习。包括在课堂中组织小组讨论学习、作品创作，通过网络（同步或异步通信工具）组织小组协作、意义建构等。

耿卫星提出了师范生教育技术课程中的混合学习设计模式，认为混合学习设计模式更多地要考虑混合学习策略设计、学习活动的设计、教学实施策略等问题。该模式包括六个环节：学习需求分析、混合学习策略设计、混合学习环境设计、混合学习活动设计、混合

学习评价设计、教学的实施。其中学习需求分析分为三个方面：确定学习目标、分析学习者的特征、确定教学内容。混合学习策略设计也分为三个方面：首先是传递通道与学习环境。混合学习的研究本质上是对信息传递通道的研究，即研究哪些信息传递通道更具有典型性，研究采用什么样的信息传递通道能更有利于促进学生接受知识、有利于保证学生的有效学习。其次是学习策略。课程的教学采用面对面集中讲授教学、小组学习与在线的自定步调、自主学习、网络协作学习相结合，强调"任务驱动、案例引导、活动参考"的原则。最后是内容选择策略。如何划分、协调好面授教学内容与在线学习内容，是混合学习模式要重点考虑的问题之一。混合学习环境设计主要有两个方面，即多媒体教室、网络教学平台。混合学习活动设计中，常见的教学活动有理论讲授、案例分析、小组讨论、操作实践、作品创作等。混合学习评价应采取多样化的评价方式。由于混合学习是综合运用不同的学习理论、不同的技术手段和学习方式，在设计学习评价时要有多元化的思想，与混合式学习的宗旨一致。形成性与终结性评价相结合，强调形成性评价；传统评价与基于网络技术的评价相结合，强调技术评价手段的应用。在教学的实施过程中，不断收集信息，反馈到教学设计的各个环节，使整个教学设计形成一个闭环，具体情况如图 4-1 所示。

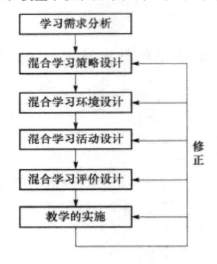

图 4-1　师范生教育技术课程中的混合学习设计模式

　　黄磊以 QQ、YY、优酷、博客、Wiki 空间这五种免费网络服务所支持的教学行为特征为基础，结合师范生《现代教育技术》公共课实例，提出了在高校理论课和实验课教学中开展混合式学习的四种模式。

　　（1）阅读反思型——理论课教学模式。这是一种以自主学习为主的教学形式。教师课前在 QQ 群社区的论坛里提供网上自学的指导语、任务列表、测试问题，学生自主学习后在 QQ 群里提出问题，教师在课堂上回答这些问题，并设置话题组织学生讨论。课后，学生在自己的博客中写下学习反思，教师将优秀博文推荐到 QQ 群社区的论坛里，以资共享。其中，任务列表均为网上资源，视频内容在优酷空间中提供，其他文件用 QQ 群共享提供。为防止教师推荐学生博客的片面性，要求学生用谷歌阅读器订阅其他同学的博客。分享他人博客中学习反思的同时，常常会产生学生之间的交互。

（2）联合辩论型——理论课教学模式。这是一种基于合作理念的小组教学形式，主要采用角色扮演和竞争的协作学习策略。教师课前在 QQ 群社区的论坛或群共享里提供案例，并在 Wiki 空间里发布若干不同的观点，学生选择自己支持的观点，并在 Wiki 空间相应的页面上填写自己的名字和主要论据。同一观点的同学通过 YY 语音软件进行实时语音讨论，为辩论做准备，教师可以参与讨论。课堂上，各方展开辩论，教师总结。Wiki 空间可以记录下联合编辑者，YY 的语音讨论也可以录音，这些网络记录都可以作为教学评价的依据。

（3）设计体验型——实验课教学模式。这也是一种基于合作理念的小组教学形式，主要采用分享和共同建构的协作学习策略。课堂上，教师向学生介绍实验的目的、原理和活动规则。实验课上，教师讲解并示范实验操作方法，学生开展实验。课后，学生将自己设计的实验作品上传到网上。例如，图片作品上传到 QQ 群论坛的贴图版，视频作品上传到班级统一的优酷空间，教学设计作品上传到 LAMS 实验平台等。这样，所有的作品就被共享了。学生观摩或学习其他同学的作品，并对相应的作品发表评论，谈自己的感受和想法。同时，学生可以根据其他同学或老师甚至网上陌生人对自己作品的批评和建议，修改作品。

（4）远程讲授型——实验课教学模式。这是一种以教师讲授为主的集体教学形式。课前，学生根据老师上传到优酷和群共享中的实验操作视频或动画进行实验预习，需要系统讲解的大型实验可以与学生约定时间，教师采用 YY 语音同步讲授的方式进行示范。实验课上，学生进行实验操作，教师辅导并答疑。课后，学生完成教师在网上提供的自测题，以检测和巩固学习内容。学生可以重复观看课前的多媒体实验资源，遇到不明白的问题，通过 QQ 群求助。

课题组在参考以上几种混合学习设计模式的基础上，提出了一个基于社会性软件的师范生混合学习流程。在前端分析中，根据学习者已经具备的能力素质和期望学习者达到的能力素质之间的差距确定学习需要，进行学习内容的选择和分析，结合学习者的一般特征、学习基础、学习风格等进行学习目标的分析和阐明。学习活动设计模块是混合学习最重要的内容，传统教学方式的学习主要是基于实验任务的操作示范式学习模式，基于社会性软件的在线学习又可以根据学习内容特点采用学习者自主学习的模式、学习者共同体讨论交流的模式、基于小组网上协作设计的学习模式。这四种混合学习模式既各有侧重点，又相互联系，在具体的教学和学习中可根据需要混合使用。形成性评价是对教学过程或学习活动过程的评价，目的是改进教学和学习。总结性评价是学习活动结束后的总评，具体包括学习成果汇报和相关测试等，用来验证教学设计和实施的效果，根据总评反馈改进教学设计和实施（图 4-2）。

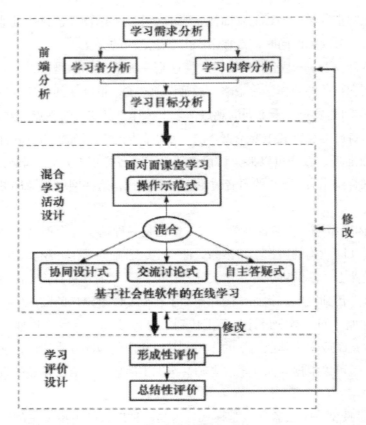

图 4-2　基于社会性软件的师范生混合学习流程

三、基于社会性软件的混合学习在师范生教育技术能力培养中的应用模式

　　师范生教育技术能力包括四大维度和三个层次，目的是要提升学习者在信息化环境下应用教育技术解决教育教学中实际问题的能力、意识、态度和责任。核心能力既涉及教育技术的基本理论、新的教学方式和教学观念转变等理论性的内容，又涉及各种教学媒体和信息化工具的使用等操作性的内容。前者可通过网络环境下学习者自学、教师组织和引导小组讨论等方式学习；后者需要教师采用课堂面对面的教学方式现场讲解和演示，并在学习者实验的过程中进行指导。基于以上分析，本书根据不同层次和维度的教育技术能力构建了如下四种混合学习模式。

（一）自主答疑式学习模式

　　这是一种学习者在教师的引导和帮助下自主学习的模式。首先教师需要将分布在教育技术学科资源库、群共享或网络中的各种学习资源嵌入自主学习任务列表中，将任务列表发布在 QQ 群论坛学习活动模块。然后学习者在规定的时间内按照任务列表的要求一步步完成任务。学习者在课内、课外学习的过程中遇到问题，都可以及时在 QQ 群里提问。学习者在课堂上可直接通过 YY 语音提问，教师会及时为学习者解惑。学习者在整个学习过程中，要用博客写学习心得和反思，日志的主题自定，如可以是对学习资源的反思、对自己的学习过程或策略的反思或对教师的建议等（图 4-3）。

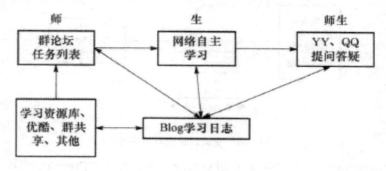

图 4-3 自主答疑式学习模式

此模式适用的教育技术能力类型是基础知识和技能，如网络工具的使用体验，教育技术的相关陈述性知识，教育技术的发展史、定义、基本理论等，网络资源的分类，媒体的类型，信息的特征等。

此模式的优点是学习者自定步调学习，充分体现学习者的主体性、主动性，可以培养学生独立自主进行网络学习的意识和能力、遇到困难求助的策略和解决问题的能力等。缺点是对学习者的自控、时间自我管理要求较高，对教师的信息素养要求较高，并且教师要随时关注学习者的留言和博客，准备解答学习者的疑惑，对时间和精力的要求较高。

以用社会性软件构建学习环境这一技能为例。在社会性软件环境中提升免费师范生的教育技术能力，学习者自主体验环境是基础，教师要引导学习者自己去下载相关软件，登录并注册相关的网站，构建网络学习环境，同时帮助学习者克服自学中可能遇到的各种困难。教师需要对学习者体验过程中可能出现的技术问题、学习的时间管理问题和网络学习心态调整问题等提供指导。因此，教师通过学习指导语来指导学习者自学的目的、策略和方法，通过任务列表的形式给学习者提供学习资源和学习任务。

（二）交流讨论式学习模式

交互讨论式学习是教师通过预先的设计与组织，学生经过自学思考，在教师引导下就某一问题发表自己的见解，主动探寻知识的教学模式。网络讨论的平台可以是博客圈、BBS、QQ 群聊、YY 等，比较这几种平台：QQ 群聊及时迅速，可以同步或异步，但是长时间不登录会丢失相关信息；博客圈异步讨论不会丢失信息，而且圈中讨论主题、特定主题下的帖子讨论数、每条帖子的内容等信息显示都很清晰；YY 语音讨论，信息通道更畅通，而且语音式互动的深度比文本互动的深度深。因此，讨论主要是通过 QQ 群聊、博客圈和YY 配合完成。

首先教师在群共享中上传案例或在博客圈中发布讨论的主题，通过 QQ 群的任务列表提供讨论细则。然后学习者在教师的组织引导下，以个人或者小组的形式在博客圈、QQ群中文本讨论或者在 YY 中语音讨论（图 4-4）。

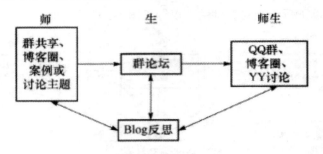

图 4-4　交流讨论式学习模式

此种模式适用的能力类型主要有意识与态度、社会责任等隐性的决定技术应用成效的能力。其中，意识与态度类主要有教师的信息素养、教育技术的重要性认识、教学媒体如何应用于教学、利用信息化工具进行交流的意义、自我反思的重要性认识等。

此模式的优点表现在：①对意识与态度类的内容，如果采用教师讲授的方式，学习者印象不深刻，往往还会产生抵触心理，而采用讨论法，可以开拓学生的思路，集思广益，让学生在讨论中自主建构对这些问题的认识。相对于传统的讨论式教学，基于社会性软件的讨论式学习资源是课前在网上提供给学习者的，学习者有充分的准备讨论的时间。②在讨论的过程中，学习者在各自的学习空间，更敢于提出自己的见解，担心出错或说不好大家都看见的心理负担减轻。③学习者可以文本讨论，也可以 YY 语音讨论，参与讨论的方式更多样化。其缺点是非面对面的讨论的临场感降低，学习者观点各异，对学习者的协作意识要求较高，对教师的教学组织能力和协调能力要求较高。

以"多媒体如何应用于教学"这一知识点为例。多媒体怎样应用于教学学习效果会更好？每个人都有不同的观点，教师首先提供不同的媒体应用形式案例，学习者带着问题观看案例，然后提出自己的见解。教师首先总结学习者的观点，然后指出媒体认知心理学的观点，最后在总结这两者的基础上，结合自己的经验提出几点参考意见。

（三）协同设计式学习模式

这是一种小组协作主动探究完成任务的学习模式。教师首先在群论坛提供学习任务的指导，然后学习者通过群聊确定每小组的作品主题和每个人负责的任务模块，学习者在Wiki 上合作完成编辑。学习小组的作品发布在 Wiki、优酷、群共享或群论坛上（图 4-5）。

此模式适用的能力类型主要有：整合设计的能力、教育研究能力的技能和应用创新方面，如教学 DV 的设计与制作、信息化环境下的教学设计包的设计与制作、教学研究计划等。

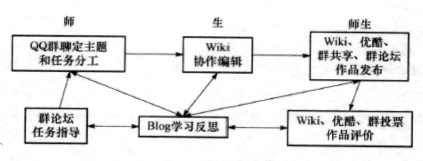

图 4-5　协同设计式教学模式

此模式的优点是学习者在基于社会性软件的协作学习过程中的数据会保留下来，Wiki 会记录下联合编辑的信息，有利于实现过程性评价。作品的共享性高，学习者之间、学习小组之间的互评方便。

以信息化教学设计能力培养为例。首先教师在 QQ 群论坛提供小组活动任务列表，然后学习者小组在学习活动安排表的指导下协作完成任务。学习小组的整个设计过程是在 Wiki 上实现的。作品发布在博客圈共享，供班级学习共同体研讨。最后各组根据教学设计包评价量规自评和互评。

（四）操作示范式学习模式

文章信息适用能力类型是技术型操作性很强的技能，如教学软件制作技术、多媒体教室的设备使用与维护、IP 资源卫星接收试验、视音频采集设备的使用等。这是基于任务驱动式的学习方式。

以上四种混合学习应用模式之间的区别和联系，主要体现在侧重运用的软件上，以及提供的学习支持服务形式、内容和评价方式上（表 4-1）。

表 4-1　四种混合学习模式的比较

模式	主要社会性软件支持	学习支持	学习评价
自主答疑式	QQ 群、Blog、YY	详细的学习任务列表、QQ 群和 YY 提问和解惑、博客反思和关注	学习者反思自评，语音、留言互评，教师评价
交流讨论式	QQ 群、博客圈、YY	讨论案例或主题设计、讨论的过程设计、讨论中的组织引导	学习者互评的，个人反思，教师评价
协同设计式	Wiki、QQ 群、优酷	设计过程的指导、作品的评价量规	个人据评级量规自评，组间通过群投票互评，教师评价
操作示范式	传统课堂	课前实验学习指导、课中演示指导	个人自评，教师评价

（五）应用案例研究

1. 学习者选取和学习内容分析

本案例选用选修《现代教育技术》课程网络课堂班的 50 名学生为学习者对象，他们来自生物科学、英语、历史、音乐、数学、心理学、体育教育、化学、汉语言文学 9 个专业，具有广泛的代表性。

理论课内容包括课程教学简介及现代教育技术概述、教师和学习者的信息素养、现代教育技术的理论基础、信息化学习环境、信息化学习资源设计与开发、信息化教学设计、未来学习体验与展望七个模块；实验课内容包括多媒体设备的使用与维护、IP 资源卫星接收系统的使用、网络资源的搜集与整理、教育信息展示技术——幻灯片制作、数字图像的采集处理、数字视频的采集处理六项。理论课学习的主要是识记类、理解类、问题解决类和观点类内容，适合网络课堂的阅读反思式教学、讲授式教学和讨论式教学；实验课的学习主要是操作性的设计制作开发类项目，适合面对面讲解操作。

2. 教学实施过程

教学过程的大致流程如图 4-6 所示。

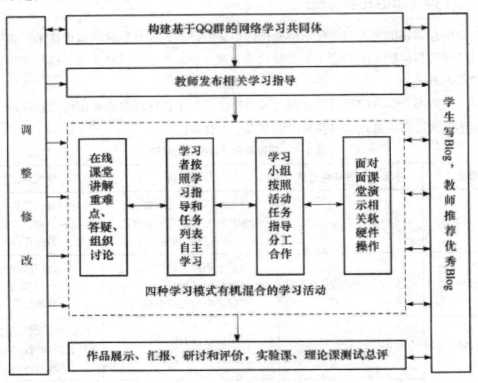

图 4-6　教学实施流程图

课程实施的过程中，首先是建群，让班级所有学习者加入群。然后在 QQ 群论坛中开辟学习活动模块、课程信息备查模块、作品展示模块和学习反馈模块。学习活动模块呈现每次的在线学习活动任务列表。课程信息备查模块主要是课程简介（常见问题回答）、课程的学习者和教师信息、相关作品和课程考核评价方式和标准等。作品展示模块展示相关的学习者作品。学习反馈模块讨论课程学习的一些反思性问题，实施相关的调查和实现群投票。在 Wiki 上共同编辑完成自助式小组划分，贴上各自的博客汇总。

教师课前一周在 QQ 群论坛学习活动板块发布学习任务列表、讨论案例或主题、小组学习指导、实验指导等。按照不同类型的学习指导，学习者个人自学或学习者小组合作学习。理论课教师在 QQ、YY 共同构建的在线课堂上讲解重难点和要注意的地方，解答学习者的疑惑或组织课堂讨论。实验课堂学习者在教师的指导下观摩或学习相关的软件、设备和工具的操作。

每次理论课、实验课结束后学习者需要就自己的学习过程、学习方法、学习态度等进行反思，写反思博客。教师会订阅所有学习者的博客，及时查看学习者的博客并给出指导。

学习者作品包括个人 Photoshop 作业、小组 DV 和小组教学设计包。Photoshop 作业发布到 QQ 群论坛，DV 通过班级统一账号发布到优酷网，教学设计包发布到群共享。作品发布后，学习者按照评价量规对学习作品进行评价留言。其中教学设计包和 DV 作品通过群投票选出优秀的作品，优秀作品会收录到学科资源库中，以供下届同学使用。

3. 实施效果分析

通过教学过程中的观察、分析学习者的博客，以及分析学习者的 QQ 群聊天记录、QQ 群论坛等信息并结合学习者访谈可以发现，相比单一的传统课堂学习，基于社会性软件的在线学习形式新颖；更开放自由的课堂内外学习环境，能够提高学习者参与和互动的积极性；网络课堂中学习者在充分体验自己常用的软件或新的社会性软件的学习和教学应用的过程中，配合实验课的实验项目的学习，提升了计算机操作能力、软件应用能力，以及信息素养。学习者接触了全新的教学模式和教学方法，养成了课前预习任务列表、课中积极参与讨论、课后反思的好习惯。学习者在参与、观察这种教育模式探索、研究的过程中，也能提高自己探索和改进教育实践的能力。

当然网络课堂的学习对自控能力的要求很高，网络学习容易让学习者分心和迷茫，学习和反思深度不高，且课堂都是电子材料，对不适应电子资料预览的同学不利。

第二节　师范生教育技术能力的提升——非正式学习

目前师范生的教育技术能力培养主要依托师范院校开设的《现代教育技术》公共课，以理论课和实验课混合的形式培养师范生掌握现代教育技术方面的基本理论、基础知识和基本技能，使其能够具备进行学习资源和学习过程的设计、开发、运用、管理和评价的能力，同时具备一定的在新技术领域从事教学媒体和教学系统创新的能力。从学生的学习反馈情况来看，《现代教育技术》公共课在一定程度上促进了免费师范生教育技术能力的提高，但是该课程的学时很有限，而学生教育技术能力的形成是一个不断积累并潜移默化的过程。很多学生在课程开设的学期教育技术能力有了显著提高，但是在课程结束后一方面没有正式课程考核的约束，另一方面教育技术实践的机会比较少，所以一些相关的理论知识和操作技能开始淡忘甚至回到原点。可见当前师范生教育技术能力的培养表现为基于课程正式学习的短期行为，没有形成一种长效培养机制。本书将非正式学习理论引入师范生的教育技术能力培养中，力图改变当前教育技术能力培养过程中存在的弊端，使免费师范生的教育技术能力提升形成长效机制。

一、非正式学习概述

非正式学习是欧美国家新兴的一个研究领域，目前尚没有一个统一的定义。一般认为，非正式学习是相当于正式学习而言的。正式学习主要是通过学校组织、课堂授课等形式实现的学习形态，它通常是有计划的，有明确的目标和课程知识体系，并依托规范化的学习材料实现，学习者通过特定的考核方式获得学习评价并取得成绩、学位或证书等。诸如学校教育、培训、岗位学习、文件学习、听报告讲座等传统的学习形式即为正式学习。非正式学习则是相对于正规学校教育或继续教育而言的，指在工作、生活、社交等非正式学习时间和地点接受新知的学习方式，是由学习者自我发起、自我调控、自我负责的学习。

非正式学习具有以下特点：第一，多元性。非正式学习的知识获取途径是多元化的，可以从图书馆、网络等大众媒体中获取，也可以通过非教学性质的社会交往来获取，还可以从生活实践中学习，从工作中学习等。第二，自主性。非正式学习的主动权掌握在学习者手中，学习者是学习的主体和主导者，学习由学习者自己发起、自我调控。第三，合作性。非正式学习经常会与一些社会群体相关，学习者在社会群体中通过与其他成员的交流和互动来完成学习。因此，非正式学习更强调个体之间的协作性，更强调交流与共享。第四，情境性。非正式学习时常与情境相关。这种情境可以是真实情境，也可以是模拟情境。

二、非正式学习提升师范生教育技术能力的优势

（一）非正式学习与师范生的数字化学习特征相契合

师范生具有大学生的共性。而大学生是一个活跃的学习群体，在相对宽松的学习环境及要求下，他们的学习具有自觉性、自主性和灵活性等特点。大学生的课堂学习、培训讲座等正式学习时间相对较少，多数学习时间依靠学习者自主安排，依据自己的兴趣选择不同的学习内容和学习方式。在信息网络技术高度发达的大时代背景下，数字化技术为非正式学习提供了一个绝好的学习环境。大学生的信息素养水平普遍较高，他们对计算机网络

的了解程度较深，具备较好的计算机基本操作能力，同时他们也乐于在数字化学习环境下开展学习。这些特征为开展基于网络的非正式学习提供了极大的可能性。

（二）非正式学习与师范生的社会性学习特征相契合

大学阶段是学生由校园走向社会的重要准备阶段，大学生的学习具有一定的社会性。尤其是 Web2.0 和社交网络的兴起，使得大学生通过分享、交流和协作等形式进行的社会性学习更为流行。非正式学习强调社会情境，在工作、生活、社交等非正式学习时间和地点，在复杂的真实情境中接受新知，与现实紧密联系。在非正式学习中，师范生往往把自己置身于一个社会性环境中，并不断领会和反思，能力提升的同时又促进实践，从而突破那种对知识的简单记忆和对技能的简单习得，达到对教育技术能力的真正理解。

（三）非正式学习更有利于学生之间进行协作

协作是非正式学习具体实施的形式之一，在自我发展和探究氛围中，非正式学习鼓励团队通过对话、反馈和问题解决等学习活动提高团队的集体智慧和绩效。因此，非正式学习更强调个体之间的协作性及交流与共享。在正式学习中，学习者之间的协作有时会受制于具体环境和规则规范。但在非正式学习环境中，学习者能更容易地与他人交流合作，相互促进。

（四）非正式学习可以满足师范生学习动机多元化的特点

有研究表明，大学生的学习动机呈现出多元化的特点。大学生的四种主导性学习动机分别是：求知探索的动机、友情交往的动机、成就建树的动机、自尊自主的动机。他们总是学习自己所愿意学的、自己所想要学的、自己所需要学的知识和技能，总是挑选与自己的生活和专业学习联系最密切的知识和技能来学习。非正式学习环境给予了他们进行多元选择的机会，可以有效激发学生的学习动机。

三、基于非正式学习的师范生教育技术能力提升模型

本书在参考相关研究的基础上构建了一个基于非正式学习的师范生教育技术能力提升模型（图 4-7），该模型由三个部分组成：非正式学习起点、非正式学习过程和非正式学习结果。

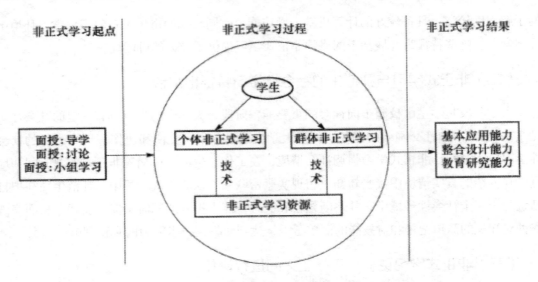

图 4-7 基于非正式学习的师范生教育技术能力提升模型图

非正式学习起点。非正式学习的起点是《现代教育技术》公共课课堂学习中的导学、讨论和小组学习等学习活动。通过这些学习活动，学生已初步掌握了教育技术的基本理论、基础知识和基本技能。其中的导学环节让学生具备了自主学习的意识和能力，而讨论和小组学习则有助于发展学生参与群体互动和协作学习的积极性。非正式学习起点是连接正式学习与非正式学习的桥梁和纽带，为学生进一步开展非正式学习准备相应的知识和能力条件。

非正式学习过程。非正式学习过程一般始于《现代教育技术》公共课结束之后，学生通过开展自主性的非正式学习来延续教育技术知识的学习和进行教育技术能力的提升。非正式学习动机的产生一般有两种：一是现实问题的需要。比如，师范生在进行专业实践或实习过程中需要设计多媒体课件，而设计过程中遇到了相应的技术问题，此时就会通过自己的努力来寻求解决问题的方案。二是发展自身能力的需要。学生有目的地自发进行非正式学习来提高自己的教育技术能力。根据参与主体的不同非正式学习可以分为个体非正式学习和群体非正式学习。个体非正式学习主要是指学习者以自主的方式通过上网搜集资料、观察、错误尝试、做中学、自我反思等形式解决问题，在问题解决的过程中提升自己的教育技术能力；群体非正式学习则是指个人无法单独完成某项非正式学习任务，需要多人合作与参与，从而借助互联网形成一个非正式学习共同体，在共同体内进行互动和协作学习。群体非正式学习形式有团队互助、人际网络学习、与他人分享讨论等形式。非正式学习过程包含两个关键要素：非正式学习资源和技术。非正式学习资源主要指物化的和分布在网络上的学习资源。物化的学习资源包括书籍、杂志、报纸等；网络上的学习资源包括开放式网络课程、流媒体视频、专题网站、电子书、论坛、博客、播客、Wiki、互动问答等，往往具有交互性和社会性等特点。而技术主要包含两类：一类是有形的技术，即学习者获取学习资源以及对学习资源进行加工和组织的手段和方法；另一类是无形的技术，是指在解决教育教学问题中所运用的技巧、策略和方法。

非正式学习结果。在该模型中，非正式学习的结果即通过非正式学习过程的潜移默化，达成师范生教育技术能力的提升。这种能力可分为三个层次：基本应用能力、整合设计能力和教育研究能力。基本应用能力主要是指师范生必须掌握的教育技术基本理论、操作技能、设计技能和管理技能；整合设计能力主要是指教学活动设计、开展信息技术与课程整合、对教学过程进行评价与反思的能力等；而教育研究能力主要是指师范生结合自己的学科教学，利用教育技术的原理和方法开展教育、教学研究的能力。基本应用能力、整合设计能力和教育研究能力三者之间依次呈递进关系，从基本应用能力到整合设计能力，再到教育研究能力是一个不断提升的过程。

四、师范生教育技术能力提升的非正式学习设计

（一）非正式学习的前提：个体学习技能

非正式学习不同于正式学习，开展非正式学习的前提是学习者必须具备一定的非正式学习技能。美国成人教育学专家维多利亚·马席克和瓦特金斯等人经研究认为，开展非正式学习有赖于几个条件：一是学习者要具备批判性反思能力。二是学习者的主动性和能动性。能够做出积极的识别、明智的选择，以及卓有成效地实践自己的选择而自主地学习新知识、掌握新技能。三是学习者的创造能力。能够以一种更加开阔的视野，在一种更加宽广的领域里展现他们富有创造性的选择能力与行动能力。对于师范生而言，要在非正式学习环境中提升教育技术能力，首先必须具备与教育技术能力相关的基本知识和操作技能，这些基本知识和操作技能可以通过《现代教育技术》公共课习得。其次是具备一定的自主学习能力、协作学习能力和探究式学习能力，这些学习能力有助于学习者在面对不同的学习任务时采取不同的学习方式。同时学习者还必须具备一定的反思能力，善于总结自己的非正式学习的得失和体验。

（二）个体非正式学习设计

本书将大卫·库伯（David Kolb）的"学习圈"理论引入师范生的个体非正式学习设计中，将个体非正式学习过程分为四个阶段：具体体验、反思观察、抽象概念和主动验证（图4-8）。具体体验是让学习者在真实或虚拟的学习情境中获得学习体验，如实际的学习案例、实地考察等。对于师范生而言，主要是在日常学习生活中遇到一些需要使用教育技术来解决的问题，如在专业实践中要对某一堂课进行教学设计。反思观察是在具体体验结束后，从多个角度观察和思考实际体验活动和经历，对体验活动和经历进行反思。抽象概念是学习者通过观察与思考，抽象出合乎逻辑的概念和理论，同时也可以是总结出解决问题的一套模式和方法。到了主动验证阶段，学习者要验证这些概念或方法的正确性，并将它们运用到实际的问题解决中去。四个阶段形成一个环状结构，周而复始。在学习过程中，学习者要

同时扮演理论者、思考者和行动者的角色，即首先根据已有学习经验进行基于案例或问题的学习体验，对学习体验的过程进行总结和思考并归纳出新的学习经验，然后将这种新的学习经验应用到其他相似的学习情境中，以验证其正确性，并不断往复。

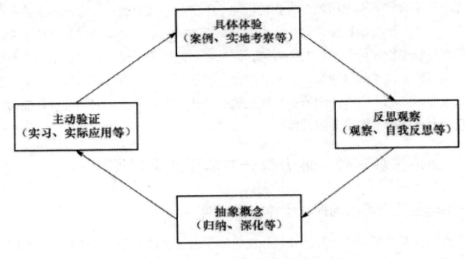

图 4-8　个体非正式学习过程

这种个体非正式学习具有以下特点：①学习的亲历性。即学习者进入某种与自身需求相关的学习情境，在学习过程中用自己的身体去感受，用心灵去体验，是一种"做中学"的过程。②学习过程的反思性。这种学习是一种始终伴随着反思的过程，反思既可以在学习体验过程中发生，也可以在学习体验完成后发生。

（三）群体非正式学习设计

群体非正式学习主要通过参与非正式网络学习共同体的学习活动来完成。非正式网络学习共同体与正式网络学习共同体的不同之处在于：正式网络学习共同体一般由教师发起，作为正式学习的补充，学习者借助相关的学习工具，与教师或其他学习者进行交互，从而完成对课程的学习；而非正式网络学习共同体则是以某一专业或知识领域为主题，由兴趣相同的非正式学习者聚集在一起进行交流与分享而形成的网络学习共同体。非正式网络学习共同体的特点主要有：①共同体成员在共同兴趣的支配下自然、自发地围绕着某一领域的知识或技能进行讨论和交流；②共同体成员之间没有明确的教学分工和教学职责；③没有各种教育教学制度和规范对共同体成员的制约。

群体非正式学习过程主要包含获取、加工、内化、交流、共享、创新六个阶段，具体如图 4-9 所示。

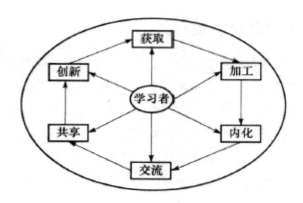

图 4-9 群体非正式学习过程

获取：即获取非正式学习所需的学习资源。在非正式学习共同体中有多种获取资源的方式：利用搜索引擎来查找资源，通过浏览其他成员的空间或博客获取资源，利用 RSS 等技术订阅相关的资源等。

加工：即对获取的学习资源进行加工和组织，反复对所收集到的学习资源进行思考、分析和归纳，整理出学习资源中最具有价值的信息。

内化：学习者在对资源进行加工和处理的过程中，逐步形成自己的观点和想法，与个人已有知识结构中的知识进行同化和顺应，对原有知识体系进行融合和扩展，从而构建出新的知识体系。

交流：学习者通过 IM 工具和博客（利用评论、留言、引用通告功能）及其他社会性软件等与所在群组（朋友圈）的成员进行交流，并对自己的观点不断进行修正。

共享：学习者通过相关发布工具将自己的学习心得和体会发布到共同体知识共享平台中。例如，用博客撰写和发布日志，利用微博表达自己的所见所得，利用 Wiki 等工具进行协作编辑等。

创新：在交流和共享过程结束的时候，学习者的学习观点与最初相比已有很大的更新和修正，学习者的学习成果得到积累和沉淀，而知识体系也得到扩展和不断充实。

五、开展非正式学习促进师范生教育技术能力提升的几点建议

（一）提高学生的非正式学习技能

非正式学习具有很强的随意性和偶发性。因此，在具体的学习过程中，极容易受其他因素的干扰，造成注意力分散和学习"迷航"。这就要求非正式学习者除了具备自主学习能力、协作学习能力和探究式学习能力外，还必须具备较强的自控能力。访谈表明，有接近一半的学生认为自己缺乏相应的非正式学习能力。因此，教师在正式学习过程中要注意加强对学生相关学习能力的培养，并引导学生通过小组学习和探究式学习的形式来提高自身的学习技能，形成一定的学习自控能力，为进一步开展非正式学习奠定基础。

（二）形成良好的非正式学习氛围

良好的非正式学习氛围对师范生开展非正式学习来提高自身的教育技术能力起着至关重要的作用。要形成这种氛围，首先是高校教育管理部门和任课教师的积极倡导，并将非正式学习纳入对学生学习能力的考核当中，作为考核合格的重要指标，以此提高学生进行非正式学习的积极性。同时，学校可以定期或不定期开展一些教育技术应用能力大赛，如课件制作、网页制作、讲课说课、教学设计等。让学生积极参与，对表现优异的学生进行嘉奖，让学生在一种竞争的氛围中开展学习，无形之中提高自己的教育技术能力水平。

（三）搭建相应的非正式学习平台

从非正式学习的开展现状来看，很少有学校给学生搭建相应的非正式学习平台。师范生开展非正式学习除了个体自组织的方式外，主要是通过社会性软件来形成一些非正式网络学习共同体，如通过 QQ 群建立非正式学习的交流讨论平台，通过博客圈形成反思性学习平台等。这些方式在一定程度上推动了师范生的非正式学习，但是也呈现出了一些弊端，如参与性不强、互动深度不够、无法与资源平台整合等。因此，学校有必要搭建与非正式学习相应的学习平台，该平台具有整合个体非正式学习、群体非正式学习等多种功能，同时该平台可以与学校及社会性的学习资源库进行对接，这样学生可以方便快捷、随时随地进行非正式学习。

第三节　师范生教育技术能力的发展——学习共同体

一、网络学习共同体的内涵及其对师范生教育技术能力发展的价值

（一）学习共同体的内涵

目前，教育界对"学习共同体"内涵的研究日益丰富，但未能形成统一认识。我国学者郑葳认为，学习共同体是指一群有着共同的目标、观念和信仰的人，在相互协商形成的规则的规范和分工下，采取适宜的活动方式相互协作，运用各种学习工具和资源共同建构知识，解决共同面临的复杂问题，由此构成的一种学习的生态系统，主要由学习主体（包括个体的或群体的学习者）、目标、课程知识、工具及资源、规则、学习活动分工及学习的情境等要素组成。本节把"学习共同体"界定为一种学习环境。在这种学习环境中，成员之间相互信任、相互尊重、民主平等，在知识共享和同伴支持的基础上，通过参与交流、协作、反思等活动，在完成特定学习任务的同时形成解决复杂问题的能力。作为一种学习

环境，学习共同体可以增进学习者之间的信息交流与协作，提高群体努力的满意度，从而实现以个体发展促进群体的共同发展和共同体的完善。

（二）网络学习共同体的内涵

网络学习共同体可以看作一个由学习者和助学者等共同构成的，根据特定的规则和分工，共同学习、讨论、协作和交流，运用各种学习工具和资源共同建构知识，共同解决面临的复杂问题的虚拟学习环境或学习社区。在共同体中，学习活动以问题解决及项目研习为学习模式。学习活动不以课节为单元，不以教师解说为主，而以学习者、辅导者及助学者就某个特定问题进行讨论与互动，以及分享经验与专业知识的团队学习活动为主，其最终的目标是学习共同体成员一起建构属于他们的知识系统。

网络学习共同体一方面作为学习过程的可视化空间，另一方面作为各成员交流和分享价值观、情感等的学习家园。在网络学习共同体中，各成员能够体验到获取知识的机会均等、人际关系平等，自主的学习经验、自我情感和个性差异得到极大的保护与发展，体验一种全新的师生关系。网络学习共同体的特点有：①成员散落性。网络学习共同体的成员是一个个借助网络学习环境学习的个体，他们散落在地球的各个角落，但是他们有共同的追求（想提高自己的教学水平，想发展自己的教育技术能力等）。通过网络，他们相互联系，形成一个学习的共同体。②成员共同愿景性。网络学习共同体成员拥有共同的学习目标和利益。作为网络学习共同体，顾名思义，其主要的目标就是促进每一位共同体成员的学习，使之能通过共同体群体的进步而获得个人的发展。有共同的目标或利益、针对共同的问题或项目，是一个共同体存在的原因，它能够使共同体成员为实现解决一个问题或达到一个目标，而共同努力展开交流与合作。因为有共同的学习目标，共同体成员对共同体有依赖感与归属感。成员间彼此信任和尊重，共同构建一个和谐的、共享的学习环境。③成员双向交互性。网络学习共同体的成员之间的交互性是其主要特征。在网络学习共同体中，学习是学习者在学习环境中与助学者及其他学习者不断交互的过程。其交互性可以表现为两种形式，一种是学习者与信息内容的交互，即面对以一定媒体形式呈现的信息，学习者联系自己先前的知识（图式）形成对当前信息的理解，同时，当前的新信息又可能导致原有知识的重组或调整。在另一个水平上，交互性还表现为学习者与其他人（老师、辅导者、同伴等）之间的社会性互动，这种交互不是与信息媒体本身的交互，而是与作为信息发出者的人的交互。这两种交互形式都是学习过程的重要侧面。

（三）网络学习共同体对师范生教育技术能力发展的价值

网络学习共同体作为一种以网络技术为支撑的虚拟学习环境，强调信息技术工具、学习资源为培养学习者的问题解决能力、促进学习者的发展服务，关注共同体成员、资源、工具、活动等要素以及它们之间关系的变化，为基于问题学习、协作知识建构、凝聚集体智慧、促进群体共同发展提供了良好条件。

有研究表明，当学习发生在众多学习者构成的学习共同体中时，学习效果显著。通过上述分析，利用网络学习共同体发展师范生教育技术能力具有重要价值。首先，有利于情感分享和能力培养。在网络学习共同体中，通过问题解决、项目研习等形式，全体成员共同讨论、协作、交流与互动，分享经验与专业知识，解决面临的复杂问题，有利于情感分享和问题解决能力的培养。其次，有利于增强师范生的学习兴趣。师范生在网络学习共同体中参与学习，一方面能意识到自身对团体的责任与重要性，满足自尊心和归属感；另一方面，当学习过程中遇到困难时，能及时得到指导和帮助，从而逐渐增强学习兴趣。再次，有利于后续跟踪指导和帮助。借助网络学习共同体，学生和教师之间可以定期开展应用交流活动，分享各自拥有的资源和经验，讨论解决在教学实践中遇到的困难和问题。最后，有利于促进群体的共同发展。从资源分享的角度上看，网络学习共同体是一个凝聚集体智慧的经验分享型学习环境，可有效促进学习主体之间相互学习、共同实践、共同成长。

二、支持教育技术能力发展的师范生网络学习共同体构建要素

网络学习共同体是一种基于网络产生的实践共同体，主要由学习者、助学者和信息流三个方面组成。其存在和发展可以极大地促进学习者之间的沟通和交流，有利于营造温馨友好的网络交流氛围，促进网络学习者的学习。虽然网络学习共同体优势明显，并不是所有的网络学习共同体都是能有效地促进教师教育技术能力发展的。构建一个富有成效的师范生网络学习共同体来促进教育技术能力的发展，需要考虑各要素的特性，形成有针对性的策略。

（一）共同体成员的组织

一般共同体都是因为同一个目标或者主题建立起来的。如果能够达到共同体的目标和内部各个成员的目标一致、共同体的目标有效、成员之间相互联系这三点的话，共同体的凝聚力和驱动力便能加强，只有这样才能达到更好的效果。这里的网络学习共同体成员主要由师范生构成，针对不同的师范生发展需求，建立不同意愿的网络学习共同体。有了共同愿景，教师成员才有可能精神振奋，并不断促进自己的成长和超越。

（二）研究主题的确立

首先，研究主题必须明确，有了明确的主题，参与者才会围绕中心各抒己见，形成思维碰撞，最终达成解决问题的共识；反之，参与者会茫然无言。主题的明晰可以凝聚"人气"，使更多的学习者"慕名"而来，参与学习共同体的学习活动。其次，研究的主题应该有助于师范生教育技术能力的提高和发展。网络学习的组织者应结合课堂教学实践确定阶段性的研讨主题，展开研讨。例如，提供一个课堂实例，针对实例的某一个环节（教学设计、媒体使用、教学评价等），结合理论指导，进行交互性的研讨，分析其中的优点和缺点，取其精华，去其糟粕，实现自身教育技术能力的发展。只有这样网络教学研究才能

立足于课堂教学，使成员乐于参与。

（三）交互的网络平台设计

作为网络学习共同体的重要组成部分，交互的工具平台设计尤为重要。交互平台的主要功能是为教师成员提供学术性支持、认识性支持与人际性支持。用户成员包括教师和专家，以及负责网络资源的更新和网站系统设置的管理人员。细分交互平台，应该包括以下六个模块。

1. 研究案例或研究主题的展示模块

由于网络学习共同体的特殊性，确立的研究主题必须依靠网络交互平台来展示。比如，远程的视频研讨、公开课案例必须通过网络传输，实时或延时展示给所有的成员，让全体成员通过交互平台获取关于主提的信息，从而能有的放矢。

2. 资源共享模块

在基于网络学习共同体的交互平台中，应提供大量的丰富的可供下载的教学资源、培训资源等学习资源，成员可以上传并下载自身需要的学习资源，包括教学案例、教学素材、专业文献及一些学习共同体的成功案例等。管理人员应可以对这些资源进行管理，避免资源重复、无效资源等情况的发生，保证系统空间能得到有效的利用。

3. 互动交流模块

平台应提供研究内容的在线讨论空间、个人博客、论坛、问题库、留言板等交流工具。教师成员可以按学科、共同兴趣、学习项目等，与其他成员进行学术交流和合作，并能及时得到专家提供的指导和帮助。

4. 信息管理、教学反思模块

成员可以对自己的信息、学习资料、教案、论文、课题研究、教学反思日志等进行管理。对平台进行评估反馈，将自己对平台使用的建议和意见发表，供网站的建设者和管理者参考，以更好地把握发展方向，更好地利用平台为教师服务。

5. 教学评价管理模块

针对教学实践案例，应该要有专门的模块让教师成员进行评价。针对某一个课例，教师成员应该能够表达很明确的评价观点。

6. 学习过程监控模块

在平台中，要能对成员的个体学习活动、学习共同体内的学习活动及学习共同体间的学习活动进行监控，了解学习共同体的学习情况与进度，以便给予他们及时的指导与帮助。

三、基于混搭社会性软件网络学习共同体的设计与应用

混搭也称为"mashup"，在维基百科中 mashup 被定义为"网络聚合应用，把来自两

个或多个外部资源的数据或功能整合起来创建一项新服务的网页或 Web 应用程序"，我国学者大都认同该定义。在网络环境下，混搭的主要内涵在于整合多个外部数据库资源，把不同来源的数据资源、服务和功能集成在一个 Web 应用程序或网页中，对不同功能或服务，用户可以任意组合，形成独特的个人学习环境，在这个学习环境中用户不需要使用不同账号来回切换站点，就可查看来自不同数据资源的信息。混搭技术进一步为学习者提供了一种知识资源整合和二次开发的新技术，使得学习者能深挖已有的知识，产生更有价值的网络学习资源，极大地提高个人知识的价值。同时基于混搭社会性软件，学习者可以同时使用不同功能的社会性软件。例如，使用信息收集类工具可以提升信息获取和更新的速度；使用博客、微博等工具可以方便对知识的记录和整理，有助于显性知识的存储、积累、传播和分享；使用 IM 等工具可以获得其他参与者的帮助。

（一）混搭社会性软件平台的搭建

为体现混搭社会性软件及专业学习共同体的双重优势，本节所构建的网络学习共同体依托的是"etthink 教育技术论坛"。选取该平台主要依据以下三点：

首先，该学习共同体能够满足网络非正式学习中所需要的个人学习环境。该学习共同体集成了论坛、团队、微博、个人空间、RSS 订阅等多种模块，体现了混搭的思想（图 4-10）。

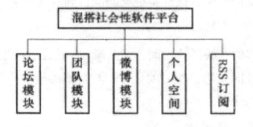

图 4-10　混搭社会性软件平台

①论坛模块提供了技术交流和课程学习两大中心分区板块。技术交流板块包含最新软件的推荐和应用、课件制作、摄影和图像处理、电视教材编导、网页设计等六个小板块；课程学习板块包含教育技术学导论、基础理论学习、教学设计、媒体技术应用、远程教育及信息技术教学，其中还设置有一个教师教育技术能力培训与专业发展板块，专门用于分享与共建教育技术能力培训方面的资源。②团队模块主要用于创建一个具有某种特殊特征的群体。在一个团队中可通过发帖及回帖的形式开展组内的交流互动和知识共享，同时会更新所有成员的最新动态。③微博模块与新浪微博链接，能动态显示微博中的更新。基于微学习的理论基础，微博有助于学习者学习单个知识点，通过发布微博的方式将隐性知识显性化，实现知识的内化。④个人空间是学习者的"自留地"，日志、分享、留言板等功能方便学习者管理获得的知识，通过发表日志进行反思能力的训练，同时将隐性知识显性化，最终达到内化知识的目的。⑤RSS 订阅的使用进一步扩大了资源的选择范围，学习者可根据自身的爱好或学科特点订阅特定的资源，如教育博客、某教育技术专家的博客、

学科教学资源网等。

其次，该学习共同体可用 QQ 账号或新浪微博账号登录，可实现共同体资源与 QQ 空间和新浪微博的同步更新及共享。共同体账号能同时与新浪微博和 QQ 空间绑定链接，共同体中的更新可以在微博和空间中同时发布，新浪微博的更新也能在社区的微博中显示，即实现了多个数据资源的共享。

最后，该共同体作为教育技术的专业学习共同体，共同体成员大部分是教育技术学专业的学生和老师。因此，在这个群体里共享的资源具有针对性，成员的构成也比较集中，这对于非教育技术专业的师范生培养教育技术素养无疑是天赐良机。

（二）团队构建的机制

针对现实教育技术公共课中出现的课时少、内容多、学生得不到课外指导的现状，并考虑助学者在学习共同体中的重要作用，在此构建这个用于网络非正式学习的专业网络学习共同体。在构建时充分利用了现有的人力资源，即把在读教育技术学专业大二或大三的本科生发展到这个社区中，他们对教育技术已经有了整体的认识，在师范生教育技术能力培养中完全能够起到引导的作用，同时教育技术公共课的授课老师也参与该虚拟学习社区，充当更主要的引导者身份。

该网络学习共同体的构建是借助平台中团队模块建立起来的，并且该团队被命名为"ET 学习者"，团队成员主要由教育技术公共课的授课老师（以下简称专业老师）、教育技术学专业的在读本科生（以下简称专业学生）和参加师范生教育技术公共课的学生（以下简称非专业学生）这三部分群体组成，具体成员数按 5 名专业老师、10 名专业学生、40 名非专业学生即 1：2：8 的比例构成。

（三）模型的构建

基于团队构建的机制和混搭平台的特性构建出模型，如图 4-11 所示。

平台主要包括论坛、团队、微博、个人空间、RSS 订阅五大模块，共同组建了网络非正式学习中的四个主要环节——资源获取、发布共享、交流互助及知识管理。

1. 资源获取

利用混搭技术，解决了当前资源杂乱、难以精确搜索的问题。使用该混搭平台，可以系统地根据学习者订阅的主题有针对性地提供最新更新的资源。成员获取资源的途径和方式有以下几种：在论坛模块中收藏、共享或发布新的帖子；对关注的微博转发、发表评论及发布新的博文；通过 RSS 订阅分享感兴趣的资源；成员与成员之间的互访，通过互访加快知识的共享速度及成员之间的交流频率。

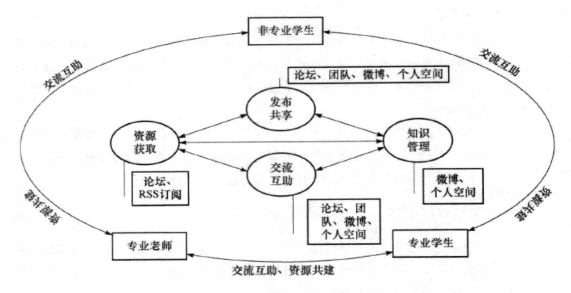

图 4-11　混搭式网络学习共同体模型图

2. 发布共享与交流互助

团队成员之间资源的发布共享与交流互助是网络非正式学习中交互的主要组成部分，成员之间相互交流信息、情感、观念和价值观关系到整个团队的活跃程度及成员在团队中的归属感，具有有效的交流及活跃度的团队更能满足学习者的自尊和归属感需要。在这个混搭社会性软件平台中，成员可以评论其他参与者的日志、帖子、博文，在线的成员之间能通过平台中的留言板和发信息的功能实现实时交流。在学习的初期，充当助学者身份的专业老师和学生提出与教育技术能力相关的讨论话题，引导其他学习者参与讨论。

3. 个人知识的管理

在资源获取、知识共享、交流互助的整个学习过程中都要求学习者对个人知识进行管理。在资源获取阶段，通过学习者对知识的筛选和分析，取其精华纳入到个人知识库中，可以与他人分析、交流，在知识的共享中实现知识的创新与增值，进而再次更新个人知识库。这便是知识库形成的三个阶段——纳入、组织、更新。

（四）基于混搭社会性软件的网络学习共同体的应用

1. 共同体学习活动设计

结合平台特性与教育技术能力标准，此网络学习共同体主要用于培养免费师范生教育技术能力的两个方面：一是掌握教育技术相关的理论基础，二是教学设计能力。

对教育技术相关理论基础的学习，采用基于问题学习的方式设计学习活动，将枯燥的文字阅读转换成竞争式的问题讨论，实施过程主要遵循以下几个步骤：创设问题、筛选资源、解答问题、反思应用。在问题呈现阶段主要依靠"ET 学习者"团队中的助学者，根据学习者的特征并结合情境设计合适的问题，通过在团队中发帖的形式呈现问题；学习者围绕问题，从混搭的多个数据库资源中收集资源并开展自主学习或合作学习，在学习过程中可以向助学者寻求帮助；最后问题的解决通过回帖、发表日志、发微博的方式使隐性知识转化为显性知识，最终应当要实现知识的转移反思并应用到今后的教学工作中（表4-2）。

表4-2　基于问题的学习

项目	创设问题	筛选资源	解答问题	反思应用
详细解析	团队构建初期问题主要由助学者创设，引导非专业学生；随着团队的不断更新及成员的不断学习，部分最初的非专业学生可以转化为助者，并提出问题	从论坛、微博、个人空间、RSS 订阅资源库中筛选合适的资源，内化吸收	对相应的问题提出自己的见解，使内化的知识通过自己的语言显性化，同时分享其他成员的思想，实现知识更大的传播和共享	问题解决之后，学习者将获得的知识转移到实际的生活当中，反思怎样才能更好地与实际相结合
表现形式	发新帖、日志、微博	分享、订阅、收藏	点评、回帖、评论	博文、日志、帖子

教学设计能力的培养采用基于任务的学习方式，鼓励学习者完成一定的教学设计任务，通过模拟教学实践的方式真正提高免费师范生的教学设计能力，具体的活动策划如表4-3所示。

表4-3　基于任务的学习

项目	制定任务	提交成果	互评
详细解析	由助学者设定任务	学习者根据学科特征，依据相应的理论基础完成学习任务	团队成员之间对提交的成果进行互评，同时实现了知识的共享
表现形式	发帖	附件、帖子、日志	回帖、点评

2. 知识的共享与自组织

经过一段时间基于问题和基于任务的学习，团队成员根据学习主题及兴趣爱好，不同成员之间相互对学习心得进行交流评价，对学习资源添加个性化标签并分享，解答或讨论其他成员提出的问题，发起或参与各种活动，进行协作式创建和共享资源等一系列的协作学习，形成具有该团队特定主题的知识共享。鉴于最初该虚拟学习团队中存在专业教师即助学者，在起初阶段会呈现"被组织"的特点，随着学习的开展，社区成员间的知识共享交流，社区中旁观者、参与者、分享者、建设者、贡献者和协调者等成员角色出现相互转化，呈现学习社区的自组织特征，包括开放、松散的学习群体结构，成员角色自动形成和灵活转换，协作讨论的学习模式，自发产生领导者和社区规范等。

3. 基于社区的网络共同体学习过程评价指标

对学习者在"etthink 教育技术论坛"这个虚拟学习社区中学习过程的评价主要依据成员发表的文章总数、发帖量、回帖量、贡献数、积分等指标，其中文章总数＝日志篇数＋

博文篇数；回帖量＝直接回复帖子＋点评帖子＋评论日志；贡献数用来评定成员对论坛所做的贡献，主要依据帖子质量或所分享资源的价值；积分的高低能整体判断成员在社区中的活跃程度。具体评价指标如表4-4所示。

表4-4　学习过程评价指标

成员名	文章总数			发帖量			回帖量			贡献数			积分		
	1~3	4~6	6以上	5以下	5~8	9以上	5以下	5~8	9以上	5以下	5~8	9以上	50以下	50~100	100以上
Nam1															
Nam2															
Nam3															
…															

第五章 师范生教育技术实验教学与实践训练创新

作为未来教师的师范院校学生，高水平的教育技术能力是一项必备的技能，学生教育技术能力的高低将直接影响他们教师专业化水平的提高和教育信息化的进程。师范生教育技术实践应用能力的培养在很大程度上由实验教学决定，如何有效地组织和管理好实验教学成为师范院校研究和关注的重点。

第一节 基于虚拟现实的教育技术实验教学

一、虚拟现实的定义

虚拟现实技术起源于 20 世纪 70 年代，第一个虚拟现实设备是一个头盔显示器，实验者戴着它就可以看到眼前漂浮的一个发光立方体，接着，实验者转动自己的头部，还能够看到这个立方体的不同侧面。而到了 20 世纪 90 年代，虚拟现实技术已经能够做到随着实验者的眼球转动来看到不同变化的相应场景了。以前的人们在进行人机对话时，主要是操作者面对电脑屏幕，然后通过敲击键盘和鼠标来输入指令。但是现在，虚拟现实技术的发展使得我们沉浸在多媒体的世界中，并且可以通过数据手套和数据头盔等对所看到的虚拟物体进行操作控制。

随着虚拟现实（virtual reality，VR）的发展，学者们对 VR 的定义也进行了相关的论述，笔者认为，虚拟现实技术的定义可归纳为：利用计算机产生的一种人为虚拟环境，这种虚拟的环境是通过计算机等技术构成的三维空间，或是把其他现实环境模拟到计算机中去产生逼真的"虚拟环境"，并通过多种专用的设备让用户"投入"该环境，从而使用户在视觉、听觉、触觉、味觉等多种感官上产生一种沉浸于虚拟环境的技术。

二、虚拟现实的特征及分类

虚拟现实有三个基本特征，分别是：沉浸感（immersion）、交互性（interaction）和构想性（imagination）。这三个基本特征也称为 3I。

沉浸感是指用户作为主角存在于虚拟环境中的真实程度。

理想的虚拟环境应该达到使用户难以分辨真假的程度，如可视场景应随着视点的变化而变化等，甚至超越真实，如实现比现实更逼真的照明和音响效果等。

交互性是指用户对虚拟环境内的物体的可操作程度和从环境得到反馈的自然程度（包括实时性）。例如，用户可以用手直接抓取虚拟环境中的物体，这时手有触摸感，并可以感觉物体的重量，场景中被抓的物体也立刻随着手的移动而移动。

构想性是指用户沉浸在多维信息空间中，依靠自己的感知和认知能力全方位地获取知识，发挥主观能动性，寻求解答，形成新的概念。

根据虚拟现实技术浸入程度不同可以把虚拟实验系统分为以下两类：

第一类，桌面式虚拟实验系统。所谓桌面式虚拟实验系统，就是用计算机或图形工作站进行仿真，以计算机屏幕作为实验者观察虚拟空间的窗口，实验者使用鼠标、键盘等输入设备和虚拟空间进行交互的一种简化的虚拟实验系统。计算机图形技术是其中的关键。在桌面式虚拟实验系统中，参与者会受到周围环境的干扰而缺乏沉浸感，是一种初级的虚拟状态，其成本相对比较低，实现也相对比较容易，因而在各领域应用较为广泛。

第二类，沉浸式虚拟实验系统。所谓沉浸式虚拟实验系统，就是利用数据手套、头盔显示器、传感器等复杂的交互设备，为实验者提供完全投入的功能，使实验者有一种置身于真实实验中的感觉的虚拟实验系统。这种实验系统需要有相应的硬件环境支持，因此限制了其在教育领域中的广泛使用。

根据访问途径的不同可以把虚拟实验系统分为以下两类：

第一类，本地虚拟实验系统。实验是在本地的计算机所模拟的环境中进行的，计算机所建立的模型尽可能地与真实实验条件接近，也称为单机版虚拟实验系统。此类虚拟实验通过在本地计算机上安装，在本机上即可运行，无须网络的支持。

第二类，远程虚拟实验系统。远程虚拟实验系统是基于网络环境而实现的。在现实应用中人们根据在实验过程中使用的仪器设备是否真实又可以将其分为两种情况。一种情况是真实仪器设备通过接口电路连接网络，学生可以通过网络使用真实实验室中的设备，笔者将这种实验系统称为远程控制虚拟实验系统。远程控制虚拟实验系统由于涉及真实设备，因此在同一时间只允许一个实验者进行实验。另一种情况是实验室中的仪器设备完全由软件编程模拟实现，笔者将这种实验系统称为网络虚拟实验系统，理论上能同时允许无限多个实验者同时使用。

根据实验者角色的不同可以把虚拟实验系统分为以下三类：

第一类，演示型虚拟实验。演示型虚拟实验对学生交互性操作的要求不高，主要是使学生能够比较容易地观察到实验的具体步骤及结果，而计算机模拟的演示型虚拟实验比传统演示型实验具有更强的直观性，可以将微小的物体放大，也可以将宏大的物体缩小。由于计算机的显示屏的明亮程度高，从心理学的角度来看，还能刺激学生的视觉，提高学生的兴趣。

第二类，交互式虚拟实验。交互式虚拟实验主要应用于学生操作性实验，通过虚拟现实技术建立三维多媒体实验环境，对实验设备进行仿真和交互性的开发，使学生沉浸在实验环境中，感觉好像是操作真实设备一样，增强了感性认识和操作的趣味性。交互式虚拟实验的开发难于演示型实验，关键是要解决实验当中的各种交互性问题，应该根据实际情况利用不同技术来解决。

第三类，分布式虚拟实验。分布式虚拟实验是基于一种分布式的网络环境，系统运行在多台计算机上，学生之间可以进行实时交互，共享相同的虚拟实验环境。

三、教育技术实验课的特点

教育技术实验课主要有以下特点：

（1）综合性。教育技术实验课需要对所学专业知识的综合运用，包括信息技术、程序设计、操作系统、数据库等，同时，还涉及教育学、心理学等多个领域的知识。

（2）时效性。随着信息技术的飞速发展，新的软件原理、方法和工具层出不穷。为了使学生所学的软件知识和技能在实际工作中发挥作用，除了讲解基本概念、原理和方法外，更重要的是大量去除一些不再流行的方法和技术，补充一些新的方法和技术，以适应技术的发展，满足社会的需求。

（3）实践性。《现代教育技术》课程包括大量的课件开发实践。因此，在教学过程中，不仅要注重基本概念、原理和方法，而且要进行具体的软件开发实践活动，培养学生的实践动手能力，这样才能将理论与实践相结合，使学生真正学以致用。

四、教育技术实验教学面临的问题

（一）硬件设备生均拥有量问题

一般情况下，学校所能提供的实验条件本来就有限，实验教学时数也较少，加之当前高校扩招，生均实验资源愈发欠缺。比如，"数字图像的采集"实验，学习者需要用到照相机，在学习者中可能无法人手一个，那么，在有限的课时内，每个学生进行照相机操作练习的时间就无法满足学习的需要。再者，在传统的集中式实验方式下，单纯增加实验设备的相对数量，不仅不利于投资优化，而且仍将面临一方面学生实验机会少而另一方面设备又相对闲置的尴尬局面。

（二）软件环境的维护与更新

大多数高校《现代教育技术》课程教学采用的教材内容体系是在教育技术学专业课程体系的基础上浓缩、简化而成的，课程内容繁杂、陈旧，缺乏针对性，不能及时体现现代教育技术的发展动态。比如，Photoshop 软件已经更新到 CS5 了，而实验指导书的内容还是 CS2 的使用。教育技术与新技术的发展关系非常密切，对新技术在教育中的应用非常敏感，实验教学中应尽可能使学生接触最新的科学技术，增强学生适应社会发展和科技进步的要求。这就要求《现代教育技术》实验教学的教学内容要及时更新。

（三）学生的实验主动性不够

学生在进实验室之前，脑中只有对实验内容的抽象理论，没有感性的认识。学生在没有经验的基础上，往往不敢进行大胆的尝试。只能按照固定的实验步骤依葫芦画瓢，进行一些验证性的实验。最后的结果是对仪器、设备的结构和功能不甚了解，对实验原理也没有深入理解，更谈不上有什么创新的活动。

五、基于虚拟现实的实验教学的优点

除了能够缓解目前教育技术实验教学面临的上述问题，基于虚拟现实的实验教学还有如下四个优点。

（一）教学方式灵活

虚拟实验突破了传统的教学模式，可以不受时空的限制方便地进行实验，并且可以利用网络教学提高教学效率。基于互联网的虚拟实验室远程教育模式不同于传统的面对面的统一的教学模式，它能够灵活地提供给用户（学生）不同的实验教学内容，用户（学生）可以根据实际情况确定学习内容和安排学习进程，因而可以最大限度地满足用户（学生）的个性化需求。这样，既能普及知识，又能增加知识、更新知识。

（二）有利于提高学生的动手操作能力

虚拟实验是真实实验的一个有机组成部分，对虚拟实验过程的概括水平有助于理解虚拟情境中的模式和关系，提高虚拟理解能力；虚、实设备的使用是相生相长的，虚拟环境中的模式和方法的掌握对实际的设计和动手操作有很大的帮助。虽然虚拟实验无法提供近乎真实的体感，但能提高学生对实验的认识，以后遇到类似的情境时，就有一定的经验从而做出正确的行为。所以说虚拟实验的使用有利于提高学生在实际实验中的动手操作能力。

（三）有助于学生的探索研究，培养学生的独立性和创造性

虚拟实验是一种以经验为基础的、具有直接验证和探索性质的学习情境。当学生检验一种理论或假设时，在直接验证过程中，通过观察、研究实验现象，加深对所学理论知识的感性认识，掌握并熟练基本实验知识、基本实验方法、基本实验技能，获得对知识的准确理解。探索并不一定需要一种理论或假设做指导，但实验结果可能会为某一理论提出某些观点或意见。在探索过程中，学生能体验到知识产生的过程，扩大自己的想象空间，学会通过实验来解决问题，有利于独立性和创造性的培养。

（四）拓展了观察的广度和深度

虚拟实验不仅通过动画把实验设备全方位地展示给学生，还可以拆卸关键部位，对仪器内部进行解剖式的展示，并能在实验过程中观察仪器的各种指标和内部结构动作，增强学生对仪器的熟悉程度和对其功能的把握程度，为更好地进行实物实验打下基础。虚拟实验让抽象的概念变得生动，把一些不易观察的微量放大，更便于学生观察实验细节，减少遗漏，避免了因观察范围限制或次要因素影响而产生的干扰。

总之，基于虚拟现实的实验，人机界面友好，设备呈现直观、真实；在进行真实实验之前可以熟悉仪器设备的构造、功能；具有高交互性，学生所做的每一步操作都会得到立竿见影的、符合规则的反馈效果，体现出人机之间的和谐；并且可以更为准确地反映考生的实际操作技能，这一点是至关重要的。

六、基于虚拟现实的实验教学中需要注意的问题

（一）虚拟实验不能完全替代真实实验

虚拟实验作为先进的教学手段将对高校的教学产生重大的影响，但不可能完全代替为数众多的真实实验，正如计算机不能完全代替人的思考一样。比如，理工科类的教学，实验教学的目的不仅仅是帮助学生理解和验证某些共同的规律，探索和发现某些新的规律，更重要的是要培养学生的动手能力，积累实验操作经验和掌握实验研究方法。因此，在实验教学中对于培养学生基本动手能力的基础实验绝对不能用虚拟实验完全替代。

（二）明确告知实验教学目标

笔者调研的过程中有一个突出的问题就是学生对这门课中学习模块的学习目标不明确，认为《现代教育技术》公共课只是讲授课件制作、教授一些软件如何使用的。教学是促使学习者朝着特定的教学目标所规定的方向产生变化的过程，教学目标是否明确、具体、规范直接影响到实验教学是否能沿着正确的方向进行。因此，在开始实验教学之前，要清楚明确地告知学生实验教学的目标，让学生对整个实验学习有个全面整体的认识，从而调整好自己的学习态度、学习进程等。

（三）注重形成性评价，加强局域网监控和指导

形成性评价是教师对学生学习过程的阶段性评价，有助于学生及时地改进和完善学习，达到学习目标。同时教师还应加强利用计算机局域网监控学生的学习过程，采用点对点的方式对学生进行个别指导，而不是把计算机教室环境看成阻碍面对面交流的屏障。值得一提的是，在教学过程中有教师使用社会性软件（聊天工具）进行师生集体讨论，这个做法得到了学生的一致好评。普遍认为，社会性软件（聊天工具）的合理使用能够很好地起到

大班教学中师生交流和生生交流的作用。因此，教师也应在网络中加强互动与交流。

（四）培养自我效能感，提高实验意识

自我效能感是指个人判断自己执行需要完成的活动的能力。自我效能感高的学习者，在实验中能够自如地使用各种适合自己的学习策略，表现出较强的自信；能够完成对实验数据的分析与处理，解决实验中遇到的问题；并能概括出相应的原理、规则及解决问题的方法。而自我效能感低的学习者，在实验过程中较缺乏自信心。因此，不能很好地运用各种策略去解决实验活动中遇到的问题，处于被动的位置，以至于对实验的兴趣度不高。

（五）减少认知摩擦

当使用互联网与虚拟现实作为一种学习工具时，学习者往往需要先掌握相关的知识和技能，虽然这些知识和技能可能跟当前的学习任务没有必然联系，但其实无形中增加了学习者的认知负担，并且很容易使学习者产生挫折感，分散学习者的注意力。在虚拟实验教学中，学习者在学习过程中能否充分利用网络虚拟资源，能否真正获得身临其境的感觉，能否实现从感知到理性的过渡等问题尤为突出，美国学者库珀将这种现象称为"认知摩擦"。

认知摩擦的特点有：①普遍存在性。认知摩擦在现实生活和学习中随处可见，只不过程度不同。在信息时代，软件产品的设计基于设计师的思想，带有个人的主观特色。在使用过程中设计师的思想与用户的思维不断发生碰撞而引发冲击，有的用户能克服这种冲击，达到和设计师的共识，但有些用户却不能克服，只能止步，不能很好地利用手中产品。②不可消除性。由于用户人群的学习风格、认知特点存在巨大差异，设计开发人员只能使开发的产品更加人性化，降低认知摩擦，但是不能满足所有用户的认知需求或彻底消除认知摩擦。③两面性。认知摩擦与现实世界的物理摩擦是一样的。少量存在时不见得是坏事，可以增加学习者的学习体验，激发学习者的学习兴趣。但是随着摩擦的增加，副作用也随之增长，学习者在学习过程中遇到困难，学习的积极性受到抑制。

利用计算机技术、虚拟现实技术开发的各类学习型软件也不可避免地存在认知摩擦。因此，在实验教学过程中，要使学习者关注学习任务本身而不是外围的学习工具或环境因素，减少学习者的认知负担，使学习者更加顺利、更加自然地将注意力集中到学习任务本身。

七、虚拟实验教学模式设计

（一）传统的实验教学模式

传统实验教学的基本模式如图 5-1 所示。

传统实验教学的优点在于：有利于组织课堂教学，教师的教学过程中较容易发现教学问题，能够及时地纠正和解决问题；这种流程的教学重视演绎推理，强调理论对实践的指导作用，强化常规训练。

传统实验教学的不足之处在于：实验过程以教师为主体，学生只是跟着教师进行按部就班的学习，处于被动的学习地位。这种以教师为主体的教学，往往就是教师讲，学生跟着做，没有考虑到学生自主思考和探究的过程，仅仅是按着教师的操作步骤完成数据就可以了；这种教学方式没有调动学生实验学习的积极性和主动性，不利于学生综合素质能力的培养。

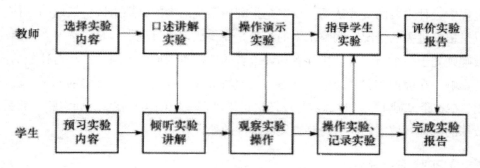

图 5-1　传统实验教学模式示意图

（二）基于虚拟现实的实验教学模式

要改变传统的、单向的实验教学模式，把学习者的学习需求放在第一位，我们必须对传统的实验教学模式进行重新设计。虚拟现实技术的发展，使得传统实验的不足已基本得到解决，学习者的学习行为由学习者个人决定（图 5-2）。

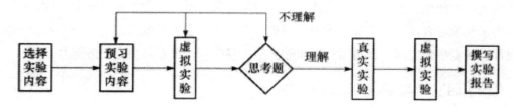

图 5-2　虚实结合的实验教学模式

以《现代教育技术》课程教学的实验过程为例。在学习新知识时，应先预习实验指导书，在开始实验前，明确实验目标和内容。通常在实验指导书中会告知学习者具体的实验操作步骤，或者由教师在课堂上将实验主要步骤进行直观演示，让学生对实验内容有个具体真实的体验，从而提高学生对实验知识点的接受能力。这样，学生在进行虚拟实验时，就能很好地掌握实验设备的原理和使用方法，并且可以多次利用虚拟实验进行学习和练习，避免了硬件设备（如摄像机）的无谓损耗，并为真实实验打下了良好基础。

真实实验前的虚拟实验操作可以达到对实验的预习效果，而在真实实验后再次进行虚拟实验，可以帮助学习者在有限的真实实验条件下进行实验复习和知识点巩固学习，加深对实验内容的理解。

八、虚拟实验教学方法与组织策略

（一）练习与反馈法

练习是指在教师指导下学习者巩固知识和培养各种学习技能的基本方法，是学习者在实验过程中一种主要的实践活动。反馈是指利用系统活动的结果来调整活动的一种方法，其特点是根据过去的情况，调整未来的行为。在技能训练过程中，是以学习者的活动为主的，教师则处于一个组织者、指导者和评价者的地位，因而练习与反馈法对技能的形成有重要的影响。在虚拟实验系统中，练习与反馈法最初表现为对虚拟环境的熟悉、虚拟仪器的使用，在这个基础上，通过练习与反馈法可以掌握一定的实验技能，如实验参数的选择、实验数据的处理、技能训练中一些突发性事件的处理等。

（二）实验设计法

如果在实验教学中使用实验设计法，则具有比常规实验更高的教育价值，因为实验设计法要求学生自己剖析课题，自行推证有关理论，自行拟定实验程序和注意事项等，得出具有一定精度的定量的测试结果，写出完整的实验报告。在实验教学中使用实验设计法主要有两个原因：①实验设计法在理论知识及其实际应用之间架起了桥梁；②通过实验设计法，学习者在达到学习目标的同时，发展了相应的分析能力和解决实际问题的能力。在虚拟实验教学中使用实验设计法，应注意联系教学实际，努力从学习者及实验的具体情况出发，力求使学习者认识到有探索价值和设计必要，引起学习者的兴趣，以便学习者通过实验设计，拓宽想象空间，提高实验素质和科学研究能力，培养自身的创造能力。

（三）启发式教学法

启发式教学法重视学生的智能和创造性培养。虚拟实验有助于启发式教学法的开展，与传统的幻灯、投映胶片相比有很大的进步。尤其在演示教学内容方面能提供直观的、形象的多重感官刺激的视听觉材料。它以一种直接的信息投递方式，通过身临其境的、自主控制的人机交互，由视觉、听觉、触觉获取"外界"的反应，提供生动活泼的直观形象思维材料、展现学生不能直接观察到的事物等，形成知识点。学生则从思维、情感和行为三个方面参与教学活动。这也是形成启发式教育的基础，它克服了传统的"注入式"以教为主的实验教学方法的弊端。虚拟实验教学给教师引导学生讨论交流带来方便，更有利于训练学生的分析总结能力，产生知识结构的新生长点，构建多学科交叉的知识网络，有利于学生知识的获取和增长，培养有创新意识的综合型人才。

（四）发现式教学法

发现式教学法是以解决问题为中心的教学形式。虚拟实验在实验教学中可以让学生进入问题存在的环境，有针对性地建构虚拟情境，引导学生进行探究。它采取的是一种接近人类认知特点的网络化结构形式，每个节点包含不同媒体信息的知识点，各知识点之间的逻辑连接关系构成了教学内容的知识结构，提供了发现式的学习思维轨迹。虚拟实验教学不但提供良好的人机交互，还允许学生出错时自行了解错误的根由及后果，发现解决问题的方法，进而通过分析、综合、比较、归纳、推理等高级思维技能围绕假设进行论证，接近或掌握真理，形成发现式的学习风格和策略，培养高层次的思维技能。这也是素质教育的重要内容之一。

（五）虚实结合开展实验策略

目前主要提供了各类常规媒体的虚拟实验系统、多媒体教学环境的虚拟实验系统、素材采集虚拟实验系统、课件开发虚拟实验系统等。当然虚拟系统毕竟是一种模拟和仿真，其实物感、临场感差，在虚拟实验完成的基础上，学生最终还得在真实的实验环境中进行训练，即虚实结合。教师要将虚实有机地结合起来，充分发挥虚拟实验系统和实验室实验的优势，正确处理虚拟技术与实践教学的关系，提高学生的教育技术的应用能力。

（六）发展性实验教学组织策略

每一个学习者都有属于自己的生活经验、知识背景及思维方式。因此，在实验教学中，每一个学习者都应得到充分的尊重，每一个学习者都应享受同等的思考、创造、表现的机会。建立起"引导—探索—实验—掌握"的发展性实验教学组织形式，尊重学习者的个性和才能，提高学习的主体参与意识，培养学习者的创新能力，不仅有利于学习者掌握扎实的实验基础知识和技能，而且有利于促进学习者情感意志的发展、心理素质的提高、合作意识的增强。

综上所述，虚拟实验进入师范生教育技术实验教学将对探索和发展现代教育思想、提高教育技术水平、改善实验环境、优化教学过程、培养具有创新意识和创新能力的人才产生深远的影响。

第二节　基于项目的教育技术实践训练模式

一、基于项目的学习的定义

"项目学习"（project-based learning，PBL）产生于 20 世纪 80—90 年代西方一些发达国家，并逐步发展成为信息时代的一种重要学习模式。它是一种强调主动探究和创新实践的学习模式，以杜威的"从做中学"为理论基础。

项目是科学管理领域中的一个概念，一般是指在特定时间内，为了实现与现实相关联的特定目标，把需要解决的问题分解为一系列相互关联的任务，以便群体间可以相互合作，并有效组织和利用相关资源，从而创造出特定产品或提供服务，包括物质产品、创意、简报、发明或建议等多种形式。而教育领域中的项目指的是一种学生围绕所选取主题进行的一系列调查、观察、研究、表达新学知识、展示和分享等学习活动。这种活动一般分小组进行，也有的学生独立工作。

"项目学习"也称"基于项目的学习""基于专题的学习""课题式学习"等。国内学者对PBL给出了多个定义，如基于项目的学习是以学习、研究学科的概念和原理为中心，通过学生参与一个活动项目的调查和研究来解决问题，以建构起他们自己的知识体系，并能运用到现实社会当中去。学生通过亲自调研、查阅文献、收集资料、分析研究、撰写论文等，将学到的理论知识和现实生活中的实际问题紧密结合，得到综合训练和提高。最后，学生还要在课堂上介绍自己的研究情况，互相交流，并训练表达能力等。这种教学方法称为项目教学法，或称为基于项目的学习。

二、基于项目的学习的特征

与传统的课堂教学相比，PBL具有革新性，它能够改善师生关系，能够加强学生间的合作性学习。另外，PBL能够促使教学由继承性学习向探究创新性学习转变。下面列出一般课堂教学与基于项目的学习的一些区别（表5-1）。

表5-1　一般课堂教学与基于项目的学习的比较

项目	一般课堂教学	基于项目的学习
教学目标	强调学生对现成知识的记忆及理解，在短时间内进行基本知识及技能的获取	强调学生对已习得知识及技能的应用；培养学生的自学能力，并在实际问题解决的过程中锻炼学生的综合、分析、判断等高层次思维技能
教学内容	主要是教科书上的知识，来自别人间接经验的总结，问题的假设与结果都已经标明学习内容	贴近学生的日常生活，选择真实的能引导学生深入学习的项目（课题）；以项目为中心，与先前的经验联系，展开问题解决式的学习
教学模式	通常是采用课堂讲授型的方式集中教学，向学生"灌输"知识	在教师引导下，学生围绕特定专题项目，采用小组协作或者自主探究的学习方式，在"做"中学
教师角色	教师处于"主导"地位，通过教导、要求学生来控制学习的过程	教师处于辅助地位，是学生学习的引导者、帮助者、鼓励者，在学习过程中建议或提示学生发现问题，并完成学习进展的记录和评估
学生角色	学生通常作为知识的被动接受者，处于从属地位	主动参与到学习中，通过自主学习或小组协作，在原有知识的基础上去寻找答案，真正体现学习主体的地位
评价方式	以测验、考试等"量"的评价方法对学生进行阶段性或总结性评价，重视学习的结果	采用"质"的评价方式，更加重视学生在学习过程中的表现

基于项目的学习与传统教学模式的一个重要区别在于学习评价。在这种教学模式中，评价要求由教师、同伴及学生自己共同来完成。评价的内容有主题的选择、学生在小组学习中的表现、计划、时间安排、结果表达和成果展示等方面。

三、基于项目的学习的流程

PBL 是一种新型教学模式，这种教学模式强调的是以学生本身为中心，强调学习小组各成员的协作学习，要求学生对项目中出现的现实生活中的真实性问题进行分析研究。通常其流程为选定项目、制订计划、活动探究、作品制作、成果交流和活动评价六个步骤。

（一）选定项目

在 PBL 中，项目的选定很重要，它应该完全根据学生的兴趣来选定，同时又要考虑如下情况：首先，所选择的项目应该和学生日常的经历相关，这样，他们才能对项目提出一些相关的问题；其次，项目还应融合多门学科，如科学、社会研究及语言艺术等；再次，项目应该丰富，从而可以进行至少长达一周时间的探究；最后，所选择的项目也应该更适合在学校检测。总之，在 PBL 中，我们应该充分考虑学生现有的知识经验和能力水平，以及学生通过努力是否有可能达到项目学习的目标，解决项目中所出现的各类问题。

（二）制订计划

计划的内容为学习时间的详细安排和活动计划。时间安排是学生对项目学习所需的时间做一个总体规划，做出一个详细的时间流程安排。活动计划是指对 PBL 中所涉及的活动预先进行计划，如小组成员的不同分工是怎样的。

（三）活动探究

这一阶段是项目学习的核心或者说是主体部分，学生大部分的知识内容和技能是在此过程中获取的。它由学习小组直接深入实地的调查研究构成，通常包括到野外旅行，以及对必要的地点、对象或事件进行调查研究。在调查研究的过程中，学生对活动内容以及自身对活动的看法或感想进行必要的记录，提出解决问题的假设，然后借助一定的研究方法和技术工具来收集信息，再对收集到的信息进行处理和加工，对开始提出的假设进行验证或推翻开始的假设，最终得出问题解决的方案或结果。

（四）作品制作

作品制作是 PBL 区别于一般活动教学的典型特征。其实作品制作有时会与活动探究交融在一起。在作品制作过程中，学生运用在学习过程中所获得的知识和技能来完成作品的制作。作品的形式不定，可多种多样，如研究报告、实物模型、图片、录音、录像、电子幻灯片、网页和戏剧表演等。学习小组对他们所研究的项目进行描述，并且展示他们的研究成果，通过作品反映他们在项目学习中所获得的知识和掌握的技能。

（五）成果交流

学生作品制作出来之后，各学习小组要相互进行交流，交流学习过程中的经验和体会，并且分享作品制作的成功和喜悦。成果交流的形式也多种多样，如举行展览会、报告会、辩论会、小型比赛等。在成果交流中，参与的人员除了本校的领导、老师和学生之外，还可以邀请校外来宾，如家长、其他学校的教师和学生以及领导和专家等。

（六）活动评价

PBL 与传统教学的一个重要区别在于学习评价，PBL 真正做到了定量评价和定性评价、形成性评价和终结性评价、对个人的评价和对小组的评价、自我评价和他人评价几者之间的良好结合。

评价的内容为课题的选择、学生在小组学习中的表现（活动中小组成员之间的合作状况）、计划、时间安排、结果表达和成果展示等方面。对结果的评价强调学生知识和技能的掌握情况（如作品的技术性、艺术性等），对过程的评价强调对实验记录、各种原始数据、小组项目规划表、活动记录表、调查表、访谈表、学习体会等的评价。评价可由专家、学者及老师来完成，也可以是同伴或者学习者自己。

四、基于项目的教育技术实践训练模式

训练是指人有意识地使受训者发生生理反应（如建立条件反射、强健肌肉等），从而改变受训者素质、能力的活动。训练主要是通过指导和练习使学生提升或掌握某种能力，即把理念、知识变成一种能力，侧重于能力培养。本书将项目式实践训练界定为：用项目式学习的理念和模式进行能力训练，学生以小组的方式参与训练项目，通过借助多种资源和工具，围绕所选择的项目，在真实世界中实践探究，从项目设计、规划、管理到项目作品的制作和展示、评价，在这一系列活动过程中训练各方面的能力和素质。图 5-3 是我们构建的一个基于项目的教育技术实践训练模式：

这种学习模式的实质是建构主义学习理论在信息技术环境中的具体应用，是一种在网络环境下的探究性学习。它将基于项目的学习的特点与互联网在教育教学中的优势结合起来，使处于主体地位的学生除了学科知识的学习以外，更重要的是在自主及协作学习中学会方法，提高解决问题的技能。

项目主题的选择要根据学生的专业特点，从师范生毕业后面临的不同的实际教学工作情况出发，并根据文科、理科、艺术类等学生不同的知识结构，精选项目主题。例如，教学内容为"设计具有学科特色的多媒体课堂教学系统"训练项目，该项目的训练目标是让学生理解媒体和教学媒体的基本含义、分类及发展，理解教学媒体的功能特性和选择、利用教学媒体的方法及原则，掌握多媒体课堂教学系统中常用设备的操作与使用方法，并会

根据学科特殊需要设计多媒体课堂教学系统方案。

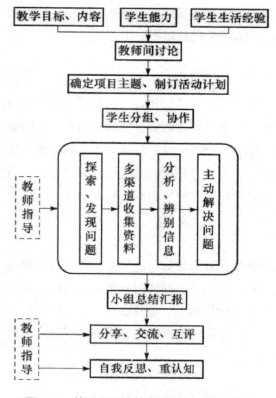

图 5-3 基于项目的教育技术实践训练模式

这个模式可以实现高效真实的协作交流。学习者的协作学习以及在共同兴趣基础上确定的项目主题，增强了学生交流的积极性，并且这种同伴的连带学习，在很大程度上让学生有意识地去提高自己、展示自己，提高了学生学习的主动性；有利于学生综合实践能力的培养。本书也强调互联网之外的实践活动，在完成项目的过程中，学生通过参与一系列必要的实地考察、访谈、查阅资料等活动，增长了社会技能，有利于他们综合能力的发展。

第三节　基于网络的师范生教育技术实践共同体

一、实践共同体概述

作为一个完整的概念，实践共同体最初是莱芙和温格在《情境认知：合法的边缘性参与》中提出的。之后，我国也有些学者对教师实践共同体的概念进行过探讨和界定，虽然具体表述有所差异，但在对实践共同体基本特征的认识上趋于一致。实践共同体作为一种学习方式，是以学习者在学习实践中所遇问题为纽带，以平等的协商对话为手段形成的一种民主开放的学习型组织。在该组织中，同质促进、异质互补，以实现共同体中学习者个体的教育技术实践能力发展。而网络实践共同体是在网络环境下构建的虚拟实践共同体。一般而言，实践共同体的功能主要包括以下三个方面。

（一）社会强化

实践共同体是由一些基于共同的目标和共同的志趣参加学习的人员组成的，能够满足学习者的自尊和归属需要。实践共同体的成员会感到相互之间同属于一个群体，认为共同体能够给他们带来需要的体验和知识分享；对共同体的归属感、认同感和信任感，有利于增强学习者对共同体的参与程度，维持他们持久性的学习活动；而共同体成员之间的友谊与情感，有利于舒缓学习者的压力，使他们不断努力学习。

（二）知识积累

实践共同体的共同愿景是促进每位成员的学习，每个成员都希望借助实践共同体获得个人的发展和共同体的成长。在实践共同体内，学习者与助学者进行交流，同时又与其他学习者进行交流和合作，共同建构知识、分享成果。通过成员的积极参与，实践共同体能够将更多成员的知识、经验、资源等汇聚起来，重新组织思维，建构新的知识体系，通过多样的形式储存和供成员共享。

（三）交流协作

在实践共同体内，学习者可以在共同体中自由开放地交流意见、主张、看法和情感，通过进行沟通交流，共同完成协作活动等，共同分享集体的智慧和经验，激发成员的创新思维并实现对知识的创新。

二、基于网络构建师范生教育技术实践共同体的意义

（一）有利于增强师范生对教育技术的学习兴趣

通过构建基于网络的师范生教育技术实践共同体，师范生成员在参与学习的过程中，一方面能够认识到自己在共同体中的责任和角色的重要性，满足自尊心和归属感；另一方面，在学习的过程中，遇到困难能够及时得到相应的指导和帮助，从而逐渐增强了学习兴趣。

（二）有助于加强师范生之间的协作交流

由于其本身所特有的信息化数字环境，它在时空上具有高度的弹性，适合师范生之间开展同步、异步、小组群体等不同形式的学习活动，在交流对话、沟通协调、互助合作中实现专业学习上的共同发展。

（三）有助于优化实践性知识的传播

师范生通过虚拟共同体平台上的工具资源和反思活动，撰写教学反思日记、上传经验资料，将默会知识显性化，实现实践性知识的外化传播、集体分享和内化吸收。

（四）有利于情感分享和能力培养

基于网络构建师范生教育技术实践共同体的目的是促进师范生的教育技术实践能力的发展。在网络实践共同体中，通过问题解决、项目研习等学习模式，全体成员共同讨论、协作、交流与互动，分享经验与专业知识，解决面临的复杂问题，有利于情感分享和问题解决能力的培养。

（五）有利于群体共同发展

从知识共享的角度来看，网络实践共同体是一个凝聚了集体专业智慧的知识分享型学习环境，高效的知识共享可以促进师范生学习主体间的相互学习和共同发展。

三、网络实践共同体中对话活动的设计策略

理想的网络实践共同体应该实现深层对话功能，学习者能够在虚实之间很好地交互，实现自我（外部真实世界）和网络实践共同体的深层交互设计。因此，设计网络实践共同体的对话活动，可以借鉴涂（Tu）和科里（Corry）提出的虚拟学习社区三角形理论模型，分别从知识性、社会性及技术性三个维度进行，实现网络实践共同体的深层对话功能。

知识性维度体现的是虚拟学习社区的根本目的，从该视角出发就是要设计能够吸引学习者参与的活动主题，并提供丰富多样的学习资源支持其深层对话参与。

社会性维度体现的是一个共同体的特征，是学习者在心理上、情感上的一种归属感，体现在活动设计中，就是要为学习者创建一个开放共享的社区氛围，支持其各项活动的开展和进行。

技术性维度对于虚拟学习共同体而言是非常重要的，是整个对话活动的支撑平台，体现为各种认知工具和交互工具的设计。

四、实践共同体案例介绍

本书针对师范生创建的基于网络的教育技术实践共同体还只是在设计和初步实施阶段，具体的应用情况和应用效果还没有得到充分有力的数据支持。笔者将以东北师范大学相关团队的研究成果进行介绍。

（一）背景介绍

东北师范大学的研究者从实践共同体的角度理解教育实习，并期望通过构建技术支持

下的实习共同体来有效整合不同的实习阶段和不同的实习资源，以促进实习中实践知识的共享、创造、应用与转化。研究者从三个维度对在线教育实习共同体的构建需求进行调查，分别是构成维度、功能维度和条件维度。构成维度主要调查实习生对共同体的实践领域、共同体成员构成的需求。功能维度调查在线教育实习共同体在资源提供、分享交流与支持问题解决三方面功能的期望。条件维度旨在调查影响在线教育实习共同体运行的境脉因素。在一项对在线教育实习共同体实践领域的需求调查中，针对实习生对教育技术应用实践的需求调查表明，76.7%的实习生认为教育技术对于优化教育实习效果非常重要；46.6%的实习生认为他们的教育技术能力水平还满足不了教育实习中教学实践的需求，期望教育技术是在线教育实习共同体的实践领域之一。并且实习生对教育技术实践领域的关注重点也有所不同，39.8%的实习生迫切期望提高自身的教学设计理论知识水平；50.5%的实习生表明自己迫切需要提高教学资源收集与处理方面的技能；38.7%的实习生认为自己迫切需要接受教学媒体使用方面的训练；40.1%的实习生表明自己迫切需要加强对教学课件制作技能方面的学习。

在调研的基础上，东北师范大学的研究者提出即时通信网络支持的分布式教育实习共同体的培育模型，从实证层面做了进一步的探索。虽然该案例不是通过构建虚拟学习社区培养师范生，并且所涉及的实践领域不仅仅是教育技术的实践技能领域，但是该案例从实践共同体的角度探索和研究如何培养师范生的成功之处仍然能够带给我们很多启发。

（二）特色介绍

分布式教育实习共同体是指基于以网络技术为代表的信息技术支持，共同体成员往往在地理位置上相对分离的教育实习共同体。教育实习共同体是实践共同体在教育实习情境下的具体化（图 5-4）。

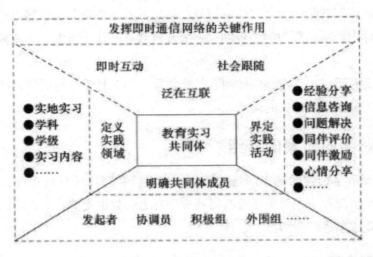

图 5-4　即时通信网络支持的分布式教育实习共同体培育模型

该案例以中国移动飞信为平台，实践基于即时通信网络支持的分布式教育实习共同体的培育模型。

（1）定义实践领域。从四方面入手：一是聚焦于教育实习中实地实习环节（广义上，教育实习可以包括教育见习、微格教学、实地实习等多个环节）；二是区分实习生的实习学科（如语文教育实习、数学教育实习、英语教育实习等）；三是在确定学科的基础上进一步划分学级（如高中语文教育实习、初中数学教育实习、高中英语教育实习等）；四是细化实地实习涉及的具体内容（可以包括教学观摩、课堂教学、师生互动、资源利用、班主任工作、教学研究等主题）。

（2）明确共同体成员。狭义上，教育实习共同体成员应该以实习生为主体，但在广义上，教育实习共同体成员可以包括不同学科的实习生、实习指导教师、实习学校的学生、教育实习管理人员及关注教育实习的任何人员。郑燕林等（2011）将分布式教育实习共同体成员分为四种类型：一是共同体的"发起人"（对共同体价值有着充分的认识，对潜在成员也有一定的了解）；二是共同体的"协调员"（了解共同体的发展需求，能够识别共同体实践领域的重要主题，积极参与共同体实践活动的规划与推进，愿意联系其他成员）；三是共同体的"核心组成员"（积极地、有规律地参与共同体实践，愿意充当协调员的助手，愿意与人分享自己的实践经验）；四是共同体的"积极组成员"（能够根据自己的需要积极参与共同体实践活动）和"边缘组成员"（常常处于观望状态，很少参与共同体实践活动，主要通过观察其他成员的互动实践活动获取信息，一般不会对共同体的发展进行主动贡献）。

（3）界定共同体实践活动。对于即时通信网络支持的分布式教育实习共同体，共同体成员的主体——实习生可以进行经验分享、信息咨询、协同问题解决、同伴关注、同伴评价、同伴激励、心情分享等。

（4）发挥即时通信网络的关键作用。即时通信网络在支持分布式教育实习共同体方面主要有三个关键作用：一是保证共同体成员之间的泛在互联；二是支持共同体成员之间的即时互动；三是允许共同体成员之间的"社会跟随"。在分布式教育实习共同体的发展过程中，即时通信网络的这些关键功能可以支持共同体成员之间的"可见性"，提高共同体实践的互动效率与效果。

（三）应用效果

该案例主要从两个方面来分析上述基于飞信平台的分布式教育实习共同体的培育效果：一是共同体实践成果。实习生参与共同体实践的时间为一个半月，通过发布、查看、回复（评论）等方式进行共同体实践。10名学生共形成文字成果近70000字。二是实习生对共同体作用的评价。所有实习生都认为实习共同体对于自己的实习非常有帮助，认为共同体可以"帮助自己及时了解其他同学的实习情况""帮助自己与其他同学及时交流"，"帮助自己解决实习中遇到的实际问题"；同时"让自己感觉到生活在一个团队中，更具有团队分享意识""可以分享心情，帮助调整心态"。有实习生表示"当自己感觉到迷惘、厌倦时，当自己查资料出现困难时，当自己对学习问题不太清楚时，都可以很快获得成员的帮助，真正做到资源共享、心情分享、互相学习、互相帮助，也增进了成员之间的情谊，感觉生活在一个大家庭中"，并"希望这种方式能够推广下去，发展成为学校教育实习工作必备的一部分"。

（四）总结

东北师范大学的研究者从实践共同体的角度所进行的这次实证探索，确实收到了较好的成效。一是共同体的构建切实地支持了实习生之间即时的、持续的互动。即时通信平台的选择——飞信，可以安装在手机上，这使得实习生可以随时随地地交流和分享。二是依托即时通信网络的分布式教育实习共同体形成的实践成果显著。短信交流的方式在潜在限定了文本发布字数的同时，促使共同体成员更加注重实践成果的质量并力求用精练的文字去表达；飞信平台的信息交流不同于提交作业和学习总结，它更能传达共同体成员的真实体验；持续更新的实践成果为共同体实践提供了动态发展的实践资源，从而促进共同体实践的进一步发展，这正是实践共同体的本质价值所在。

第六章　师范生教育技术能力培养模式构建

　　师范生是将来之教师，是将来各中小学教师队伍的生力军，他们所具有的教育技术能力水平决定着我国未来的教育质量，决定着未来人才质量的水平，而且对整个国家的教育信息化进程有着至关重要的影响。因此，在教育信息化的时代浪潮下，对师范生进行教育技术能力培训的重要程度显而易见。目前，构建新的师范生教育技术能力培养模式，使师范生尽快掌握一定的教育技术能力，是摆在我们面前的一项重要且紧迫的任务。

第一节　师范生教育技术能力培养模式构建的理论基础

一、人本主义学习理论

　　早在春秋战国时期，"以人为主"就以文字的形式出现，可将此视为人本主义理论的雏形。但目前的普遍认识是人本主义学习理论起源于美国，产生于人本主义心理学，其代表人物是著名心理学家马斯洛（A.Maslow）和罗杰斯（C.R.Rogers）。人本主义学习理论（Humanism Learning Theory）强调"自我"概念的发展，包括自我发展、自我反省、自我创新等，以学习者自我为中心，注重如何以教育的手段使学习者的潜能被充分挖掘出来。如果学习者自我评价良好，意味着这是一个良好的开端。自我感觉良好包含对自我价值的认可、对自身缺点的接纳，以及弥补不足的信念。马斯洛的自我实现理论表明，学习不是目的，而是实现自我价值的手段。学习是自我驱动下的行为，学到东西之后的心理满足感与成就感就是学习者的奖励，这与行为主义恰恰相反，行为主义更注重外在奖励，如话语上的赞美、金钱、物质等，而内在奖励属于学习者内心的自我激励，这符合人本主义的观点。

　　人本主义学习理论的学习观认为知识的获取取决于学习者参与生活的程度，只有当学习者真正做到学以致用，才能够实现自我突破与提升，这一点类似于杜威在《民主主义与教育》一书中提到的"做中学"。罗杰斯将学习分为有意义学习和无意义学习，有意义学习是指学到的知识对学习者的行为、人格都产生变化的学习，无意义学习是指不带任何情感色彩的去学那些容易忘记且不容易被学习的知识。罗杰斯的有意学习要与认知教育心理学家奥苏贝尔的划分区别开，奥苏贝尔按照学习效果的不同将学习划分为有意学习和机械学习，这里的有意学习是指新旧知识之间能够建立实质性的、非人为的联系。教学观基于学习观，人本主义教学观的重点在于点拨，以最小限度的干预手段激发学习者的积极性和创造性，充分挖掘学习者潜能。人本主义还主张，虽然学习者的学习行为是主动发生的，但是仍需要宽松友好的环境做支撑，包括内部心理环境和外界物理环境，且内部心理环境对学习者的影响更大。宽松友好的环境意味着学习者能够自由发表言论，能被感同身受，彼此之间相互尊重，教师能够站在学习者的角度思考问题，尊重学习者的想法，合理规避风险，以指导者的身份帮助学习者实现自我价值。

人本主义学习理论在本书中体现为：在构建培养模式时就考虑到"以学习者为中心"的教学理念，充分彰显学习者的主体地位。研究者在 Moodle 平台上创设激发师范生学习兴趣和求知欲的情境，师范生通过自我探索与合作完成能力的培养。

二、建构主义学习理论

建构主义学习理论（Constructivist Learning Theory）兴起于 20 世纪 90 年代的美国，是皮亚杰对认知主义的进一步发展。建构主义是众多理论的合集，包括认知建构主义、后现代建构主义等，但是他们对学习有着共同的认识。学习是学习者主动建构内部心理表征的过程，知识不是由教师传授获得，而是学习者根据自身经验主动、亲自建构新旧知识之间的联系，在原有认知结构的基础上形成新一层复杂、有序的认知结构，同化和顺应是使这种认知结构发生有机变化的手段。建构主义提倡以"以学生为主体，教师为主导"的双主模式，学生的主体作用与教师的主导作用相辅相成，互不排斥，学生主体地位越明显越意味着教师的主导作用发挥到了极致，学生的主体地位归功于教师能够全方位地考虑学习环境、学习资源、学习策略等方面。因此，建构主义学习理论对当前如火如荼的教育改革有着积极且深远的影响。

建构主义对学习环境做了设定，认为完美的学习环境由情境、协作、交流和意义建构组成，也就是说，知识的获取是在一定情境中、依托人与人之间的协作交流而进行的意义建构。情境必须是有利于意义建构的，可以人为创设这种情境，也可以是良好的自然情境；协作和交流体现在教师—学生、学生—学生之间的互动上，如教师指导学生发生一个可研究的问题、共同验证一个假设是否成立、对学习过程和学习结果的评价等，这一过程对意义建构至关重要；意义建构则是在情境、协作、交流之后自然而然发生的结果，也是教学过程的终极目标，意义建构就是要帮助学习者理解非结构性知识，形成自己的理解。

如上所说，建构主义学习理论倡导的教学观是以教师为主导的，学习者不是一张任由教师随意作画的白纸，在未进入学校教育之前，学习者对事物已经有自己的想法和认识，如果在学习者初次处理问题时就完全干预，会造成学习者的思维定式，不利于自我突破。教师需考虑学生的已有经验，对其进行点拨，让学习者能够结合已有经验，利用多方资源主动形成新认识。教学的目的不是传递知识，而是对知识进行升华。

三、合作学习理论

合作学习理论（Cooperative Learning Theory）兴起于 20 世纪 70 年代的美国，在 20 世纪 90 年代左右被我国学者引入中国。从学习理论的角度看，合作学习以社会相互依赖理论、社会凝聚力理论、动机理论等为理论基础。社会相互依赖理论可以理解为当一定数量的个体因为同一个目标而聚集到一起成为一个团体时，团体间的依赖关系、合作关系为个体发展、团体目标的达成提供原始动力。社会凝聚力理论认为合作学习对成就的影响主要取决于团队的凝聚力，实质上个体之间会互帮互助，因为他们互相关心，希望彼此都能成功。动机是促使有机体产生行为的内部驱动力，动机理论主张通过人与人交往过程中的互动产生相应动机，小组内成员通过合作容易发生有益动机，促使他们更有效地达成目标。从合作学习的展现形式出发，基于项目的学习、基于问题的学习、学习共同体等都可以窥探到合作学习的身影。

在本书中，线下学习活动是以学习共同体为单位进行合作学习。在教育技术能力体系当中，有一部分能力适合以在线学习的形式获得，而有一部分则适合于线下学习。每位师范生的能力层次各不相同，因此未掌握的能力也各不相同。根据实际情况将能力程度各不相同的师范生归为一组，这种分组在某种程度上是异质分组，异质分组的好处在于小组内的学生在能力、个性、性别等方面是不同且互补的，便于学生之间互相学习、互相帮助，充分发挥小组的作用，使学习者在合作中共同进步，在完成共有目标的基础上还能起到互相学习其他方面的能力的作用。

四、个性化学习理论

个性化学习（Personalized Learning）最早与儒家典范孔子提出的因材施教含义相通，因材施教是指教师要根据学习的认知水平、学习风格、兴趣爱好等，进行有针对性的差异化教学。李克东将个性化学习定义为从学习者自身差异着手和发展潜能，针对学习者的特点和需求而采取恰当的评价方案，使学习者得到全面发展。信息时代赋予个性化学习更全面的含义，从学习者角度出发，个性化学习就是学习者根据自己的学习需求、认知水平、学习风格、学习动机、兴趣爱好等在自己觉得最舒服的环境中以适合自己的学习策略和学习资源进行的自定步调的学习。但这并不代表个性化学习是孤立的，任何学习的发生都需要或大或小的学习共同体的支持，因此在个性化学习中，学习者可以根据需要选择不同的交互类型，与教师、同学或互联网进行交互。而从教师的角度出发，个性化学习或个性化教学是指教师综合学习者的实际情况，为学习者提供最佳的学习建议。同时，物联网、大数据、学习分析等新兴技术使个性化学习得以更好实现，个性化学习资源推荐系统能够根据学习者的学习行为和学习数据为其推荐符合个性特点的学习资源，学习者的个性化也因为个性化学习得到放大，教育发展甚至社会的发展因为这些个性化有了更多的可能性。

个性化学习明显区别于传统的学习方式，它具有自定学习步调、学习资源多元化、学习评价多元化、学习形式独立、尊重学习者个体差异、依托技术支持等特点。自定学习步调：个性化学习的目标是由学习者根据自身需求制定或由教师根据学习者特点制定，至于怎么学、如何学、学什么均由学习者把握，突出自主性、目标可达成性和探究性，充分围绕以学习者为中心的教育思想，在培养学生自立自主意识的同时，完成学习任务。

学习资源结构化：首先学习资源不限于单一形式，有诸如视频、图片、富文本等丰富的资源形式，并且这些资源之间必须有一定的联系，呈结构化形态出现，只有有序的、结构化的学习资源才是个性化学习的有力支持，而无序的、非结构化的资源会给学习者造成困惑。同时资源并不是一成不变的，因为学习者会受外界环境的影响从而产生异常学习数据，因此应根据学习者的实时行为，动态地为学习者提供资源支持。

学习评价多元化：不以考试成绩论英雄，不一棒子打死，利用诊断性评价、总结性评价等多种评价手段，注重全方位多角度对学习者进行评价，给学习者、教师、家长呈现一份详细的知识状态报告。学习者之间没有高低优劣之分，在对学习效果进行实时检测的过程中及时查漏补缺，起到一定的激励作用。

学习场所开放化：个性化学习不再拘泥于教室，只要一台移动设备和一个学习者认为舒服、可学习的地方即可满足个性化学习的条件。

尊重学习者个体差异：不同学习者在认知水平、接受能力、教育背景等方面存在不同的差异，个性化学习在充分尊重学习者个性需要和兴趣爱好的基础上推荐给学习者不同难易程度的学习资源。

依托技术支持：传统的面对面教学很难做到个性化学习，在个性化学习中，移动设备的智能性、个性化学习平台、学习资源的个性化程度等都有赖于信息化时代的物联网、大数据、计算机软硬件、数据分析、人工智能等技术的支持。

第二节　师范生教育技术能力培养模式构建原则

为了使教育信息化背景下的师范生教育技术能力培养模式能够发挥预期效果，在模式构建前期必须遵循以下原则。

一、科学性原则

这是构建所有模式时都应遵循的首要原则，不科学的做法根本无法长久立足，要用科学发展的眼光去看待事物。同时，一个模式的构建必定要站在前人的肩膀上有所创新，但不能为求创新而创新，对研究主题的相关内涵理解不深入随意在已有模式的基础上创新的结果就会造成乌烟瘴气的学术氛围，根本无法与构建模式的初衷相契合。因而，本书在模式构建前期，不仅对已有相关教学模式进行学习和分析，而且以教学系统设计经典模式为指导，同时多方寻找较为适合的技术手段以达到对师范生的初始能力进行精准判断的目的，从而构建了诊断支持下的师范生教育技术能力培养模式，通过多种途径为本模式的科学性保驾护航。

二、以学习者为中心的原则

"以学生为主体，以教师为主导"成为近年来的主流教育理念，灌输式学习已经不再适用当前的教育环境，特别是学习环境相对自由开放的大学阶段。教师和学习者的地位发生有益转变，教师以学习引导者、课堂组织管理者的身份与学习者平等相处，引导学习者探索知识，学习者由被动接受知识的状态转为主动求知。整个教学过程中，教师在设计教学活动、整理教学资源时都以学习者为中心，鼓励引导学习者主动探索求知，帮助学习者达成认知层面的同化与顺应，建立新旧知识之间的联系，形成自己的知识网络。

在诊断支持下的师范生教育技术能力培养模式中，以混合学习方式充分体现学生主体性原则。前期准备阶段，教师利用诊断工具精准了解师范生教育技术能力初始水平，做好学习者分析，为后续培养工作做铺垫。线上学习阶段，师范生自由、自主学习，在一定培养周期内学习进度完全由自己掌控，教师作为线上学习过程的监督者，可及时了解师范生的学习进度，调控整个学习安排。线下学习阶段通过翻转课堂的学习形式进行，方便师范生与教师多次接触，有效解决学习疑难。培养完成后，对师范生的教育技术能力再次进行诊断和评价。

学习者只有积极、主动地参与到学习过程中，才能使整个教学过程事半功倍。因此在培养模式构建时，要充分考虑以学习者为中心的原则，尊重个体间差异、激发学习兴趣、引导师范生自学，让师范生真正做学习的主人。

三、课内课外结合原则

课堂内学习时间已经不能满足师范生教育技术能力的培养需求，因此必须要将课内与课外打通，延长学习时长，辅以合适的教学手段即可大幅度提升培养效果。因此本书构建的是一个混合式的培养模式，合理利用课内和课外的学习时间，将理论性和极具探索性的知识等一些在学习者最近发展区内的内容安排为课外自学，将掌握起来有难度的知识点和课外学习的疑难点及问题放在课堂上解决，师范生在完整培养周期内自行安排课外学习进度。课内与课外结合不但能够延长学习时长，还能够从中看到个性化学习的缩影，师范生可以完全根据个人喜好选择课外学习资源的形式、课外学习发生的场所和时间段。

四、开放性原则

开放性意味着培养模式不受学习内容、学习资源、学习方法、学习对象等方面的约束。

教师和学习者均可以利用网络、教材、文献等一切可获取知识的途径来开发、整理学习资源；具体问题具体分析，针对不同类型的学习内容采用最合适的学习方法，促进教与学的效果。同时本书本着当培养对象和培养主题改变时仍然能够应用该模式的初心构建培养模式，期待该模式在其他方面也能够发挥效用。开放性的学习和教学在彰显个性化学习的同时，能够调动学习者的学习兴趣，也为模式日后的优化、迁移应用奠定了基础。

五、探究性学习原则

在本书的线下学习阶段，借助翻转课堂教学方式引导师范生进行探索性学习，当师范生解决任务清单中所含问题的过程就是自我探究学习的过程，通过各种各样的自我探究活动和教师的适时解惑，师范生获得知识与技能、过程与方法、情感态度与价值观三个方面的能力。解决问题的过程就是探究的过程，在此过程中师范生身体和心理都投入学习过程中，具有认知高度统一化，因此能够获得很好的学习体验和学习认同感，达到良好的学习效果，促进自身各方面能力协调发展。

第三节　师范生教育技术能力培养模式构建策略

教育技术能力作为师范生所要求具备的一种综合素质，不是单靠开设一门《现代教育技术》课程就能培养起来的，为了提高师范生教育技术能力的培养质量，针对目前师范生教育技术能力培养途径单一及存在缺陷，笔者提出了新型的师范生教育技术能力培养模式。其包括确定师范生教育技术能力的培养目标、完善师范生教育技术能力的培养内容、改进师范生教育技术能力的培养策略、革新师范生教育技术能力的评价方式四部分的内容，各部分内容逻辑关系如图 6-1 所示，本节将就这四部分内容一一展开进行详细论述。

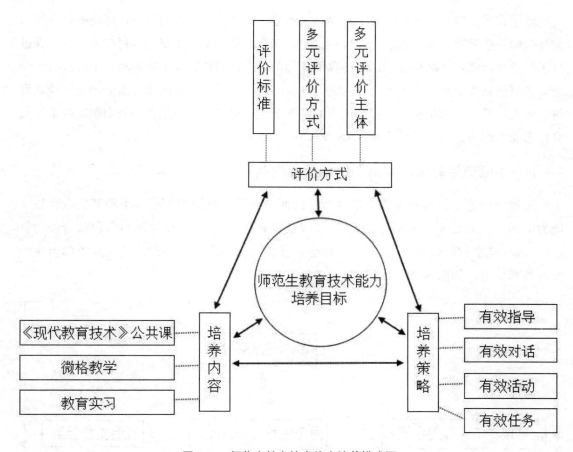

图 6-1 师范生教育技术能力培养模式图

一、确定师范生教育技术能力的培养目标

《现代教育技术》公共课作为师范生教育技术能力培养的重要内容，对师范生的教育技术能力经过培养后所要达到的目标并没有一个明确的界定，而培养目标是一个培养模式的灵魂，它体现着我们对师范生进行教育技术能力培养的价值取向，对培养模式的培养内容、培养策略的构建与实施起着导向、调控与评价的重要作用。

（一）师范生教育技术能力培养目标制定依据

我国教育部颁布的《标准》规定了我国中小学教师在教育技术能力方面所要达到的水平，分别从意识与态度、知识与技能、应用与创新和社会责任四个维度规定了中小学教师所要掌握的教育技术能力，这四个维度相互关联，是一个整体，共同构成了中小学教师的教育技术能力。我国高等师范院校培养的师范生在毕业后，大多会走向中小学教师岗位，因此，对中小学教师的教育技术能力标准同样适用于正在接受教师技能培训的师范生，对中小学教育技术能力的标准，也就是对师范生需要掌握的教育技术能力的规范，这是笔者制定师范生教育技术能力培养目标的一个主要依据。

除了在《标准》的理论指导下，要制定师范生教育技术能力的培养目标还需要掌握当前我国师范生教育技术能力培养的现状，笔者在本书第二章对《现代教育技术》公共课进行了教学现状调查，结果显示，当前我国对师范生进行的教育技术能力培养中并没有一个统一的目标做指引；师范生教育技术能力现状调查结果显示，已经经过高等师范院校教育技术能力培养的师范生在教育技术能力的掌握上还有很多不足，这也为我们制定师范生教育技术能力的培养目标提供了一定的依据。

（一）师范生教育技术能力培养目标的制定

通过对师范生教育技术能力培养目标的两个依据进行梳理，确定了师范生教育技术能力的四个核心要素，分别是：（1）基本信息素养；（2）信息技术与课程整合能力；（3）教育技术创新研究能力；（4）社会责任担当。四个核心要素共同构成了师范生的教育技术能力，如图6-2所示。

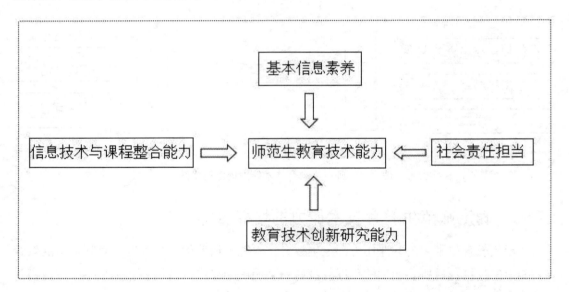

图6-2 师范生教育技术能力核心要素分布图

这个师范生的教育技术能力培养目标紧紧围绕构成师范生教育技术能力的四个核心要素进行，具体培养目标如下。

1. 基本信息素养目标

（1）能够意识到现代教育技术在教育教学中的地位和作用。

（2）能够意识到现代教育技术的利弊，并能正确运用。

（3）具备不断学习新知识、新技术来完善自身的教育技术能力结构的意识与态度。

2. 信息技术与课程整合目标

（1）了解教育技术的基本理论。

（2）掌握教学设计的原则和方法。

（3）掌握合理选择教学媒体的原则和方法。

（4）掌握教学资源的开发、加工与制作技术。

（5）能够进行教学评价。

3. 教育技术创新研究能力目标

（1）能够正确描述教学目标和分析教学内容，并在此基础上，根据学生的特点和真实教学条件进行有效的教学活动设计。

（2）具备信息技术与课程整合的能力。

（3）能够运用信息技术与教师、同学进行探讨与合作。

4. 社会责任担当目标

（1）在教学中要做到使不同的学生对学习资源进行公平利用。

（2）能够帮助学生有效应用学习资源，并得到良好发展。

（3）可以指导学生对学习资源的优劣进行判断，从而健康地使用学习资源。

（4）能够掌握有关信息技术的法律法规和道德规范，进而规范行为。

明确了师范生教育技术能力的培养目标，就可以依据培养目标构建师范生教育技术能力的培养内容、培养策略和评价方式，本章余下的三节将对这三部分内容进行分析。

二、完善师范生教育技术能力的培养内容

师范生教育技术能力的培养内容是培养模式对师范生教育技术能力进行培养的重要载体，我们在充分吸收师范院校在进行师范生教育技术能力培养的原有内容的基础上，对培养内容的模块进行了调整，实现以公共课为基础，以微格教学和教育实习为延伸的一体化培养内容，使师范生的教育技术能力通过培养得到真正意义上的提升。

（一）改革《现代教育技术》公共课

针对目前高校师范生教育技术能力培养过程中存在的问题，我们在改革《现代教育技术》公共课时，充分考虑师范生未来的职业特点，依据培养师范生达到不同的能力的划分原则，重新构建了《现代教育技术》公共课的课程内容模块和改进教学方法。新的课程内容模块和教学方法将有利于在师范生教育技术能力的培养过程中做到有章可循，有助于师范生教育技术能力循序渐进地提高。

1. 重构《现代教育技术》公共课课程内容模块

（1）重构《现代教育技术》公共课课程内容模块的原则

在重构《现代教育技术》公共课课程内容模块时，考虑到地域差异和专业差异，不同的师范院校在进行课程内容模块重构时还要遵循一定的原则。

①课程内容设置应具有连续性。一门完善的课程设置应该使师范生通过该课程的学习

能接受由简入繁、循序渐进的教育技术能力培养，保证对师范生的教育技术能力培养不间断，这样才能使师范生的教育技术能力稳步提高，形成成熟丰富的教育技术能力素养。

②课程内容设置应与时俱进。在课程内容的设置上，应不断更新课程内容，使学生了解到教育技术的最新发展情况，不断完善自己的教育技术能力素养，以适应未来社会的需求。

③教学方法应具有多样性。传统、单一的教学方法存在着种种弊端，为了使师范生能够更好地习得教育技术能力，应采取多样化的教学方法，教师应该改善自己的教学理念，结合现代教育技术，探索新的教学方法来服务于教学。

2. 构建《现代教育技术》公共课课程内容模块

通过上一节对公共课课程内容模块构建原则的梳理和探讨，笔者认为，对于大多数师范生而言，他们主要应掌握基本的教育、教学理论，在教学实施过程中对教育媒体和资源进行有效的利用和开发，进而在今后的教育教学实践中运用现代教育技术优化教学过程和效果，促进信息技术与课程整合。因此，笔者构建的高校《现代教育技术》公共课课程内容体系如图 6-3 所示：

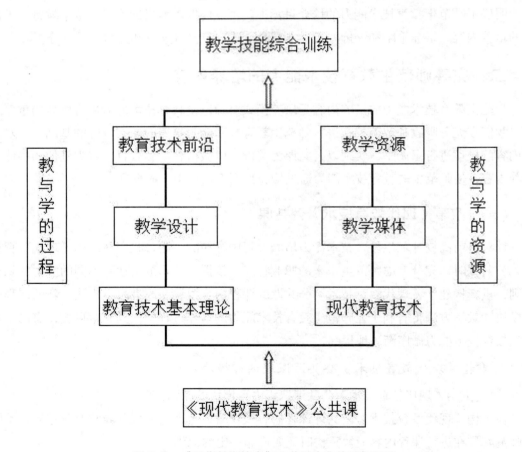

图 6-3　《现代教育技术》公共课内容体系框架图

从图 6-3 中可以看出，对师范生教育技术能力的培养分为两条路径：一条着重于教与学的过程，以教学设计为核心，注重师范生对教与学的过程的设计与实施；另一条以教与学的资源为线索，以教学资源和媒体为核心，注重师范生的教学媒体的运用技能和教学资源的开发和利用技能。两部分的课程内容不是完全独立的，而是在教学过程中相互穿插、相互关联交织着进行。师范生通过这两部分的学习后，进行教学技能的综合训练，在真实的课堂情境中训练师范生的教学技能，使师范生在经过各个部分的基础知识学习之后，将零散的知识通过真实的教学情境有机结合为统一的整体，进而内化形成个体的教育技术能力。在此，可以将《现代教育技术》公共课课程内容划分为三个模块：（1）教与学的过程模块，主要关注教与学的过程，包括教育技术的相关基本理论，教育技术的发展前沿，教学设计的基本方法和原则等内容；（2）教与学的资源模块，该模块内容主要集中在教学媒体和教学资源相关内容，以及师范生的教学辅助技能（如网络技术及教育应用、教育电视节目制作与应用）的培养上；（3）教学技能综合训练模块，通过前两个模块的学习，对师范生所掌握的内容进行综合训练，形成初步的教育技术能力。具体教学内容如下所示：

模块一：教与学的过程模块

（1）教育技术基本理论

①教育技术定义及其内涵；

②现代信息技术的概念及其在教学中的应用；

③现代教育技术与教育教学改革；

④信息社会中的教师应具备的教育技术能力。

（2）教育技术前沿

①当今常见学习理论及其对教学的影响；

②当今常见教学理论及其对教学的影响；

③当今常见传播理论及其对教学的影响。

（3）教学设计

①教学设计概述；

②教学设计的理论基础和模式分析；

③"以教为主"的教学设计；

④"以学为主"的教学设计；

⑤教学设计新发展。

模块二：教与学的资源模块

（1）教学媒体

①教学媒体的概念；

②现代教学媒体的类型；

③现代教学媒体应用于教学；

④现代教学媒体的选择。

（2）教学资源

①教学资源的含义；

②教学资源的类型；

③线上线下的教学资源获取。

（3）教学辅助技能

①多媒体课件的制作；

②教育电视节目制作与应用；

③网络技术及其教育应用。

模块三：教学技能综合训练模块

（1）教学设计训练；

（2）开发与运用教学资源；

（3）课程教学实战演练。

各模块的具体教学目标如表 6-1 所示：

表 6-1　《现代教育技术》公共课内容模块具体教学目标

序号	模块	培养目标
模块一	教与学的过程模块	使学生掌握教育技术的基本概念和理论基础，认识到现代教育技术在当今教育改革中的重要地位，了解教育技术的发展历史及其将来的发展趋势。并在以上知识理论积累的基础上，能够就某一内容进行教学设计。
模块二	教与学的资源模块	使学生了解并掌握教学媒体和教学资源的概念，能够熟练使用常见的教学媒体，能够根据具体教学内容选择合适的教学资源，掌握一定的教学资源开发能力。
模块三	教学技能综合训练模块	在师范生掌握了前两个模块的知识与技能之后，再通过本模块的学习和训练，使师范生能够根据具体教学内容选择不同的教学设计方法和教学方法，能够进行信息技术与本学科的课程整合，形成一定的教育技术能力。

《现代教育技术》公共课通过以上三个课程内容模块立体交叉、内容互补、分层次地对师范生的教育技术能力进行培养，使师范生的学习兴趣得以延续，特长得以培养，提高师范生的学习积极性，使他们的教育技术能力得到提高，有望解决当前教与学之间的供求矛盾。

3. 改进师范生教育技术能力培养的教学方法

教师教，学生学。简单的一句话并不能概括教师与学生之间的复杂的教学关系，教师为了将教学内容传授给学生，必然要采取一定的方法，其所采取的方法就是教学方法。希尔伯特·迈尔认为"教学方法是形式和程序，在这种形式与程序中，并借着这种形式与程序，教师和学生在体制框架条件下，获得对在他们周围的自然和社会的真实的认识"。

《现代教育技术》公共课课堂是师范生接触教育技术的首战场，教师应该在向师范生传授教育技术知识、理论的同时，尽力改革以往的教学方法和授课形式，努力使师范生在课堂中就对教育技术对教育教学改革的重大作用有切身体会，从而提高他们学习教育技术的兴趣，强化应用现代教育技术的意识。因此，《现代教育技术》公共课的教学不仅仅是向师范生传递教育技术理论及知识、完成教学任务和目标，更重要的是要成为师范生可以学习和效仿的案例，使师范生在课堂上感受到现代教育技术的魅力。

我们重构的《现代教育技术》公共课课程内容包括：教育技术基本理论、教学媒体的选择与利用、教学资源的开发与利用、教学设计的原理及方法、教育电视节目制作与应用、网络技术及其教育应用、教学技能综合训练等内容。各模块的教学内容和教学目标均不同，有的教学内容是培养师范生形成良好的现代教育技术的应用意识，有的是使师范生形成现代教育教学观念，有的是培养师范生进行教学的相关辅助技能，有的则是培养师范生综合的教学技能；而有的教学内容侧重于师范生情感态度的培养，有的教学内容侧重于师范生知识的认知培养，有的则侧重于师范生分析问题、解决问题能力的培养，因此，要对不同的教学内容采取不同的教学方法，才能具体实现各教学内容的教学目标，使师范生真正具备一定的教育技术能力。笔者就公共课的具体教学内容选择不同的教学方法进行分析如下：

（1）讲授法

讲授法是教师通过简洁、生动的口头语言向学生传递知识、技能，发展学生智力的一种教学方法。其优点是教师容易控制教学过程，能使学生在较短的时间内获得大量系统的知识与技能。但如果运用得不好，学生学习的主动性、积极性就会受到限制，出现教师满堂灌、学生被动听的局面。

作为现行教学方法中最常用的讲授法，其对于理论性、系统性较强的知识，课堂讲授法仍不失为一种有效的教学方式，但是，在实际教学中，教师应该加以灵活运用，才能突破其呆板、枯燥式的局限。例如，教育技术的基本理论和基本概念教学内容，其教学目标是使师范生了解教育技术的概念、内涵以及教育技术的相关理论基础，使师范生在理解和掌握本部分教学内容的基础上对在未来的教学工作中应用教育技术形成积极的态度和意识。

假如教师在讲授这部分教学内容时，采用单纯的课堂讲授方式，尽管教师对师范生反复讲述教育技术的基本概念和理论知识，以及信息化教育背景下对教师教育技术能力的要求，并且真切地希望师范生通过该部分教学内容的学习能够形成良好的应用教育技术的意识和态度，可师范生仅仅停留在基础的概念上，无法在感情上达到完全投入的积极态度，也就难以完成教学目标的要求。教师在讲授理论性知识时，可以结合现代教育技术应用于教育教学的具体案例进行分析，让学生通过真实的案例感受现代教育技术给教育教学带来的巨大影响和改变。甚至还可以带领师范生去真实的信息化教学课堂中去感受，让他们身临其境地体会信息化教学过程，真实的体验会使师范生意识到教育技术知识的重要性，从而产生学习教育技术知识的迫切性，教师再运用精心设计的教学内容和讲课方法，必然会促使师范生形成学习教育技术知识的积极心态，从而能够实现该部分教学内容的教学目标，完成教学任务。

（2）案例教学法

案例教学法是一种启发式的教学方法，指利用以真实的事件为基础所撰写的案例（Case）进行课堂教学的过程。其中，案例是一种以真实情节为背景的，对某一个或几个有意义事件的综合描述，并借助于图表、照片、计算机等辅助手段，使人能从中得到某种启示的例证。其基本过程一般为"案例的导入、案例的分析讨论、案例的总结反思"三个阶段。《现代教育技术》公共课融合理论、技术、应用于一体，理论与实践并重，具有较强的实用性。其关键是使师范生形成教育技术能力，能够将信息技术与学科进行整合，在实践中运用理论。通过案例教学的展示、分析、评价及模仿操作等教学实例，使师范生掌握一定的教学技能以及将信息技术与学科教学进行整合的教育技术能力。

在公共课教学内容中，教学媒体部分的教学技能的学习，是一项系统工程，是体现创造性的劳动。需要开发设计者具有很强的创造性，要使师范生掌握这种类型的技能，首先要使师范生学会模仿，然后才能学会创造，在学习这部分内容时，采取案例教学法是合理有效的教学方式。

以公共课内容中的"电视节目制作"部分课程为例，介绍案例教学法在教学中的运用。选择其中的剪辑技术一节，教师通过运用案例教学法，使师范生掌握视频剪辑中如何选择剪辑点，并能根据教师提供的视频素材，剪辑制作一段视频。下面是该节课的具体实施过程。

①教师课前准备

教师在本节课程开始之前，通过多种渠道搜集和制作本节课所需案例，在这里以陈凯歌导演的电影《和你在一起》中最后结局的片段为例，向学生介绍剪辑技巧以及剪辑点的选择。教师还要准备一些拍摄的原始视频素材，待学生本节课学习结束后，向学生布置任务，完成剪辑的作业。

②师范生课前准备

本节课开始之前，师范生应该掌握了非线性剪辑软件 Edius 的基本操作技巧，并且已经掌握了初步的剪辑理论。

③教学流程

第一阶段：观看视频案例，进行分析

在该阶段教师想学生展示准备好的视频案例，组织学生进行观察和讨论，调动氛围，激发起学生的创作激情和求知欲，进而引入教学主题——"剪辑点的选择"。向学生强调本次课的学习目标是每人运用 Eduis 剪辑一段视频。交代好任务后，由教师引导学生分析视频案例，并在分析过程中向学生介绍剪辑点的选取原则和技巧。

第二阶段：学生完成任务

在该阶段，学生根据刚刚学习到的剪辑点选择的理论知识，在熟悉教师提供的原始视频片段的基础上，运用剪辑软件 Edius 进行自主视频剪辑，最终提交剪辑完成的视频作品。

通过类似的案例学习，让师范生知道多种教学技能的运用流程，学会各种工具的使用等。教学案例可以有三个来源：教师制作、学生作品、他人作品。在案例教学中还可以引入两种教学案例，另一种是优秀的，一种的很差的，教师和师范生一起分析这两种案例，共同讨论分析案例的优缺点，可以使师范生形成一定的评价标准。这种教学方法可以使师范生置身于真实的情景中，在分析和模仿的过程中学习到知识，提高自己的技能水平，有利于良好的教育技术能力的形成。

（3）讨论法

讨论法是在教师的指导下，学生以全班或小组为单位，围绕教师根据教材提出的问题，各抒己见，通过讨论或辩论活动，集思广益，获得或巩固知识、技能的一种教学方法。其优点是全体学生都参加讨论活动，可以培养其合作精神，激发学生的学习兴趣，提高学生学习的独立性和自主性。

在学习教育技术的基本理论和概念时，枯燥乏味的课堂讲授容易使学生失去兴趣，教师可以在课堂中采取讨论法进行授课。例如，针对教育技术前沿理论以及信息化社会中现代教育技术的作用等部分内容，教师可以根据具体的教学内容，提出一些理论性问题或热点问题供师范生进行课堂讨论，如"教育技术在教学中的应用现状及其未来发展趋势"、"教师所具备的教育技术能力在基础教育改革中的重要性""信息技术与课程整合的重要性""如何在教学中有效应用现代教育媒体"等。在课堂上，教师引导师范生畅所欲言，结合自己已知和经验回答问题。在讨论中，教师还可以适度引导持不同观点的师范生进行辩论，使各种意见得到充分展示和交流，让师范生在感悟和思考中学习到知识，从而加深他们对教育技术的理解，激发师范生的学习兴趣，从而建立起应用教育技术的意识。

（4）任务驱动教学法

任务驱动教学法是一种基于建构主义学习理论的教学方法，其具体是指教师给学生布置探究性的学习任务，学生自行查阅资料，对知识体系进行整理，选出代表进行讲解任务成果，最后由教师进行总结。任务驱动教学法可以让学生在完成"学习任务"的同时，培养其分析问题、解决问题的能力，培养学生的独立探索及合作精神。任务驱动教学法要求教师将要讲授的知识巧妙地穿插在任务中，使师范生通过完成任务掌握所要学习的知识。

师范生在课堂上初识教育技术，他们要了解教育技术的基本理论、相关概念等基础知识，还要认识到现代教育技术在当今教育改革以及教育信息化中的重要作用和意义。而这些理论式的知识单纯地依靠教师的课堂讲授无法使师范生完全理解和掌握，教师讲起来也会感觉无趣。大学生已经具备了基本的信息检索能力，因此，教师可以将这些理论性知识融入师范生的自我探究学习中，给他们布置合理的探究任务，让师范生利用网络、图书馆等各种渠道搜集答案来完成任务，从而促使他们对这部分内容产生更深刻的了解，师范生在完成任务的过程中会产生一定的成就感，这也会在一定程度上激发他们的学习兴趣和热情。

而在一些技能培养课程内容上，如多媒体课件制作内容，教师在上课时向师范生展示优秀的课件，引起师范生的兴趣，然后和他们一块分析课件的构成以及各部分模块的制作方法，最后与师范生一起一步步地去完成课件的制作。师范生在课件一步步的完成过程中，学习积极性不断提高，制作多媒体课件的能力也得到了培养。对于网页制作、flash 制作或电视节目制作这种课堂规定时间内无法完成的任务，就要求师范生在课后完成，这种课后任务主要培养师范生的自主学习能力，通过师范生自学，既锻炼了技能又能扩大课堂的学习成果。教师对该内容的教学可以为学生设置特定的任务，如"制作一个个人网站""做一个个人 demo 视频"等，这种基于任务驱动的教学方法可以使师范生在完成教师布置的任务的同时，使自己的各种教学技能得到循序渐进的提高，从而最终掌握并内化为自己的技能。

（二）增设师范生教育技术能力实践训练环节

师范生在一体化的培养环境中，经过了《现代教育技术》公共课和上机实践课的学习，对教育技术的基本理论和相关技能均有了一定的了解和掌握，在此基础上，我们特意增设了师范生教育技术能力实践训练环节，将师范生所掌握的理论和技能投入真实情境中进行实践训练，使其得到强化，进而整合和提高自身的教育技术能力水平。我们增设的师范生教育技术能力实践训练包括微格教学和教育实习前的仿真教育实习。

1. 改革微格教学模式

微格教学是一个有控制的实践系统，它使师范生和在职教师有可能集中解决某一特定的教学行为，或在有控制的条件下学习，它是建立在教育理论、视听技术的基础上，系统训练教师教学技能的方法。以山东师范大学为例，学校会在师范生毕业前进行微格教学训练，但是由于设备的老化和学校重视程度不足，微格教学并没有很好地发挥其锻炼师范生教学技能的应有作用。笔者在学校提供的原有微格教学设备的基础上，对微格教学进行改进，以期更好地促进师范生教学技能、教育技术能力水平的提高。

（1）增加设备、创设信息化微格教学环境

在传统的微格教室中增设现代多媒体网络设备，充分利用多媒体和互联网的优势，创设信息化教学环境，增强师范生教育技术能力的训练，培养他们信息技术与课程整合的意识和能力。

（2）重构微格教学评价体系，促进信息化微格教学的实施

传统的微格教学仅仅对师范生的教学内容、教学方法和教学组织形式进行评价，在此基础上，重构传统的微格教学评价体系，增加对学生教育技术能力的评价，促进学生真正开展信息化微格教学，进行现代教育技术实践，进而提高自己的教育技术能力水平。

2. 完善教育实习体系

师范生在校学习阶段是其教师专业素质养成和教育技术能力发展的重要阶段，而师范生是否能够将这些能力成功应用于教育实践是衡量师范生是否达到培养目标的重要标志，教育实习恰是培养师范生教育技术能力以及教育实践能力的重要环节，对师范生的专业成长有着举足轻重的作用。

（1）增设仿真教学实习，做好实习前的准备工作

师范生初到实习学校，面对陌生的环境和陌生的任务，往往不能马上完成从学生到教师身份的转化，还需要一段时间进行适应，而宝贵的实习时间稍纵即逝，这就造成了师范生无法充分利用教育实习来锻炼提高自己的教育技术能力水平。考虑到这一现状，笔者在进行师范生教育技术能力培养模式设计时，在师范生大一到大三的学习期间增设仿真教学实习，模拟实习学校的教学要求、教学任务和教学环境，让师范生投身于其中，进行教学实践，提前进入实习的状态为教育实习做好准备。

（2）将教育实习纳入师范生教育技术能力培养体系

以山东师范大学为例，其在校师范生的教育实习时间一般安排在大四下学期，然而，学校开设的有关教育教学理论以及师范生教育技术能力的相关课程在大三下学期就已经学完，师范生还需要等到大四下学期的教育实习才可以将所学知识和技能应用到教学实践中去，中间的断层不利于师范生的教师专业素质养成和教育技术能力水平的提高，因此，我们将师范生的教育实习安排在大三下学期，将其纳入师范生教育技术能力培养体系中，充分依托山东师范大学在全省各地中小学所建立的教学实习基地的硬件条件和优良的信息化环境设施，使师范生在学校学习到的各种教学技能得到充分的锻炼和提高，为将来走向中小学教师岗位打下坚实的基础。

（3）建立师范生与在职教师学习共同体

师范生的实习指导教师包括师范院校的指导教师和实习学校的指导教师，实习指导教师是师范生在实习学校进行教育实习的指导者，是师范生成长、发展过程中的一个重要推动者，可以说，有效发挥实习指导教师的指导作用关系师范生教育实习的成效，进而关系师范生教育技术能力的提高。

建立师范生与在职教师学习共同体，加强师范生与在职教师的沟通交流，使师范生在在职教师的指导下迅速成长，促进师范生及时了解基础教育的情况，消除对基础教育的陌生感，为今后走向教师岗位做好充足的准备。

以上内容是在师范生教育技术能力培养目标的指引下对培养模式的培养内容进行的完善，一系列的培养内容旨在通过培养内容循序渐进的开展，使师范生的教育技术能力得到阶段性的提升，进而逐渐内化为自己所具备的能力。

三、改进师范生教育技术能力的培养策略

在进行师范生的教育技术能力培养过程中，完善的培养内容需要采用一定的培养策略去实现，而课堂是师范生教育技术能力培养的主阵地，本节将从课堂教学内容的实施策略这一微观层面讲述师范生教育技术能力的培养策略的实施。

1.教师要对师范生的学习提供有效的指导

建构主义者认为，学生是教学内容的意义主动建构者，是教学活动的核心，教师是学

生学习进行学习活动的引导者和帮助者。教师对学生在学习中遇到的困惑和在意义建构过程中碰到的困难进行答疑解惑，帮助他们完成有效的意义建构。

我们在对师范生的学习进行指导时，要注意为师范生创设具体的学习情境，师范生在真实情境或通过多媒体创设的接近真实的情境中学习，可以利用生动、鲜明的形象与原有认知结构中的有关知识与经验进行同化，而教师就是要在师范生进行意义建构同化过程中遇到问题时，及时对师范生进行有效的指导，从而帮助他们完成意义建构。对师范生进行及时有效的指导依赖于教师拥有的丰富的专业知识以及对学生学习水平的了解。这里特别要注意的是，假如师范生并没有得到指导的需求，教师大量的灌输，效果也会不佳。其次，教师还要注意要对师范生进行学习方法和学习思维的有效指导，正所谓"授人以鱼不如授人以渔"。

2. 培养过程中要建立有效对话

有效对话是师范生进行小组协作学习过程的重要部分，有效的对话为小组成员间的交流提供支持平台，教师在指导师范生进行小组协作学习时，要摒弃"闭门造车"的现象。

有效的对话不同于普通的闲谈，而是对话的双方经过深思熟虑，提出的真知灼见间的碰撞，是思想与思想间火花的碰撞，对话的双方可能是小组的学习者，也可能是教师与师范生。有效的对话有利于师生、生生间的互动和交流，有助于促进师范生教育技术能力的快速养成。

3. 培养过程中要建立有效活动

有效活动由具体活动任务和明确的目标组成，教师是有效活动的组织者和掌控者，师范生则是教师创设的活动的体验者和参与者。教师创设的符合师范生技能发展水平的有效活动，符合师范生的兴趣和学习的需要，他们强烈的情绪体验通过活动对学习对象进行操作、加工、体验和变革，能够在快乐的体验中实现知识的意义建构，师范生通过积极的主动和创造，在有效的活动中建构自己的教育技术能力。

此外，有效的活动具有"双向性"，教师提供的学习资料可以经过师范生的活动内化为自己的能力和经验，而师范生通过活动可以将自己的主观经验或教育技术能力外化为态度或技能从而影响学习对象，进而影响自己的教育技术能力的再度养成。因此，教师可以通过控制活动的学习要素、活动方式来影响师范生的教育技术能力体验，进而影响师范生的教育技术能力建构。

4. 培养过程要设置有效的任务

有效任务的设置要求教师在对师范生的实践技能进行培养时采取任务驱动教学方法设置行之有效的任务。根据维果斯基的"最近发展区"理论，教师在设置任务时，要充分了解师范生的现有能力水平，设置操作性较强的任务。任务的设计既要面向全体，又要针对个人，并提供分层次的有效任务，包括基础性任务、发展性任务以及提高性任务。

在进行培养策略的选择时，还要考虑到加强现代教育技术与师范生的学科课程进行整合，使师范生的教育技术能力的获得和提高不独立于其所属学科之外，使他们在经过师范生教育技术能力的培养模式时就形成将现代教育技术应用于自己的课程的意识；同时还要加强与其他师范类课程的整合，使师范生的教育技术能力培养不独立于整个师范生的教学能力的培养之外。

四、革新师范生教育技术能力的评价方式

（一）师范生教育技术能力评价标准

没有标准的评价就如同没有路线的马路，杂乱而无章，评价标准是对一个事物进行评价的出发点和落脚点。笔者在革新师范生教育技术能力的评价方式时，深入研究师范生教育技术能力的培养内容，考虑到评价标准的系统性和严谨性，对《标准》做进一步的细化，制定了一套可操作的评价体系，它是对师范生习得的教育技术能力进行评价的主要参考，评价的结果又可以被教师用作教学反思和指导教学过程的修正。

根据《标准》，可将师范生教育技术能力的评价标准划分为五个部分，主要包括师范生应用教育技术态度与意识的评价、师范生教育技术知识与技能的评价、师范生教育技术应用与创新的评价和师范生应用教育技术的社会责任的评价。进行评价要具有多元性，不同的评价内容不要一概而论，要采取不同的评价手段，才能确保评价结果的准确性和客观性。

1. 师范生应用教育技术态度与意识的评价

对师范生应用教育技术的态度与意识进行评价，主要针对师范生在教学中应用教育技术的态度与意识进行评价。它是一种定性与定量相结合的评价方式，可以通过调查、访谈、观察的方式进行评价，这种评价方式对于学生来说，没有分数的压力，但是通过分析评价结果，可以促使学生树立正确的现代教育技术应用观念，养成良好的学习习惯。

2. 师范生教育技术知识与技能的评价

对师范生掌握的教育技术知识与技能进行评价，主要考察师范生对教育技术的基本知识、基本理论的理解掌握程度和对教学设备、软件的操作使用能力。

教育技术基本知识和理论是现代教育技术公共课的重要内容，是学生养成教育技术素养，习得信息技术与课程整合的重要基础，对师范生掌握的教育技术基本知识和理论进行评价可以通过学科教学中的课堂提问和期末笔试进行评价，形成性评价和总结性评价相结合可以更加客观、准确地描述师范生掌握的教育技术基本知识和理论。

为了使师范生能够熟练掌握所学的教学设备、软件的操作使用，对师范生的教学设备、软件的操作使用能力进行评价主要采取现场操作设备和完成给定任务两种评价方式。为了促使师范生能够更好地反思自己的学习，在评价过程中，让所有师范生都参与进来，现场评价以及任务作品评价，让学习者、学习同伴和教师全部参与到评价中来。

3. 师范生教育技术应用与创新的评价

师范生所具备的教育技术应用与创新的能力，关系其在今后的学科课堂教学中将信息技术与课程整合的能力，而这个能力恰恰是师范生教学能力的核心部分。考查师范生的教育技术应用、创新能力，要以信息技术与课程整合为主要考查内容，可以通过微格教学进行评价。微格教学是一种利用现代化教学技术手段，立足多媒体教学环境，对师范生的教学技能进行培训的系统方法，是课堂教学的精简版。在微格教学过程中，要求师范生就所学专业，选择一段中学课程的教学内容进行讲授，师范生对教育技术的应用与创新能力将会淋漓尽致地表现出来；同样，为使评价结果更加客观、准确，在评价过程中，让学习者、学习同伴和教师全部参与进来。

4. 师范生应用教育技术的社会责任的评价

任何技术的应用都要考虑到其运用所带来的社会影响，并应承担一定的社会责任，教育技术的应用也不例外。对师范生应用教育技术的社会责任进行评价，主要是对师范生对于应用教育技术的意识与态度层面进行评价，主要通过调查、访谈、观察的方式对师范生应用教育技术的社会责任进行调查，向学生共享评价结果，这种直观的方式，有助于师范生形成应用教育技术的社会责任感。

（二）多元化的评价主体

在师范生教育技术能力的培养过程中，为了更加客观地评价师范生的学习，促进师范生更好地习得教育技术能力，在评价时可采取多元化的能力评价。倡导评价主体的多元化，强调被评价者同时也是评价者，学习评价由原本自上而下的单向评价向多向评价转化，加强各评价主体之间的互动，建立在教师指导下的师范生自评、同学互评、师生互评的交互评价制度，把自我评价、同伴评价、教师评价有机结合起来。

1. 自我评价

师范生的自我评价是指师范生在学习过程中根据评价目标和标准对自己在学习和发展过程中的各个方面所做的价值判断。师范生的自我评价对其成长和发展具有重大意义。师范生通过记录学习日志，详细地记录在学习过程中的所学、所感，写出学习总结。根据课程的培养目标评价自己的学习成果是否达到目标的要求，进行自我评价。自我评价的过程是一个反思的过程，要特别注意对自己的学习行为和学习结果反思的全面性，根据自我反思的结果对自己的行为进行调整，从而改进自己的学习。

2. 同伴评价

同伴评价又称相互评价，是指在评价时利用同伴的力量，在与同伴相互评价的过程中，发扬互助合作与知识共享的精神，通过观察、模仿、评价同伴的表现，实现学习目的的一种评价方式。在进行评价时，师范生就同伴的学习成果、作品等进行评价，并反馈给被评价的同伴，帮助同伴找出学习过程、成果中的问题并改正，促使学习同伴共同进步。

3. 教师评价

教师在师范生自我评价、同伴评价的基础上，对全班进行评价，发现群体学习的优势，发现学习中存在的问题并进行针对的修正；从师范生自我评价和同伴评价反馈回来的信息中发现问题，根据这些问题，不断调整学习进度、教学策略和教学内容，注重形成性评价和总结性评价相结合，提高师范生教育技术能力培养的教学水平。

（三）多元化的评价方式

1. 基于真实情境进行评价

师范生所具备的教育技术能力归根结底就是师范生在今后的教育教学中将现代教育技术与课程进行整合的能力，因此，对师范生教育技术能力的评价必须在真实的教学情境中进行才能得到真实、客观的评价结果。对师范生的教育技术能力进行评价可以在真实的课堂情境中进行评价。由教师创设真实的课堂情境，要求学生完成指定的教学任务，而师范生在完成教学任务的过程中，要对将要讲授的内容进行分析。最关键的一步是要进行教学设计，然后根据教学内容选择合适的教学媒体和教学方法，进行教学内容的讲授。在此过程中，师范生为了顺利地完成教学任务，必须使用其所学的教育技术知识与技能，即在真实的课堂情境中将其所掌握的教育技术能力展现出来。我们对师范生教育技术能力的评价也就相应地转化为对师范生完成教学任务的过程、策略和最终结果的评价。

为了准确评价师范生具备的教育技术能力，必须把这些内隐的能力转化为可以进行观察和控制的外显行为。因此，我们在评价过程中，给师范生的任务是具体的教学任务，通过师范生完成任务的情况以及在任务过程中的表现来评价师范生教育技术能力水平的高低。为保证教学任务的科学性和合理性，在设计教学任务时应考虑以下原则。

（1）教学任务应与师范生学科专业有机整合

我们对师范生的教育技术能力进行培养，根本目的不仅是要师范生掌握一定的教育技术能力，更重要的是要使师范生掌握将教育技术与其所学学科进行课程整合的能力，能够运用所学知识解决教学中遇到的实际问题。否则会造成理论与实践的脱节，不能真正掌握教育技术能力。这就要求我们在设计教学任务时，要充分考虑到教学任务与师范生所学学科的有机结合点，实现教育技术与学科的有机整合。

（2）设置真实的教学任务

真实的教学任务往往是复杂的，它要求师范生从多个角度进行探究、思考和反思，才能达到对教学任务的全面理解。真实的教学任务有利于师范生从不同维度出发，围绕教学任务进行教学，并且有一定的自由空间由师范生自主发挥，不同水平的师范生均可完成任务，有利于我们的评价。

（3）创设真实的课堂授课环境

师范生完成的教学任务是真实的，因此，为保证评价的客观性和真实性，我们对师范生完成教学任务进行的评价，要基于真实的课堂授课环境。构建真实的课堂授课环境，要求课堂应按照中小学的多媒体教室标准进行搭建，要具备相关的多媒体教学设备，教师的授课对象即学生。多媒体教学环境可以播放师范生制作和搜集到的教学资源，由其他师范生"扮演"的学生则可以在授课过程中与授课的师范生进行互动，授课结束后对授课师范生授课过程和结果进行评价。

2. 过程性评价

过程性评价是在教学活动过程中对学生的学习成果进行的评价活动。在对师范生的教育技术能力进行培养的过程中，主要采用形成性评价、表现性评价、电子档案袋评价等过程性评价方式对师范生进行评价。

（1）形成性评价

对师范生进行的形成性评价是在教学过程中进行的，它是在某一个知识点或者单元将要结束时进行的，主要用来使教师了解师范生对刚刚学过的一小部分的内容的理解和掌握程度。根据评价的结果，教师要发现师范生在学习过程中需要改进的地方，并强化师范生学习的成功之处，从而查缺补漏，更好地促进师范生的学习。

（2）表现性评价

表现性评价是在学生学习一定的知识后，通过让学生完成一定的实际任务来评价学生的学习效果。在师范生教育技术能力的培养过程中，表现性评价适用于任务驱动式教学结束之后，对师范生完成任务的效果和表现进行评价，根据评价结果了解师范生的技能掌握情况，如字表的处理、PPT 的使用展示、图形图像处理等，都适合使用表现性评价方式进行评价。

（3）电子档案袋评价

电子档案袋用来记录学生自己、教师或同伴做出评价的有关材料，包括学生自己的作品、反思，还有其他的一些证据与材料，根据这些材料对学生的学习成果进行评价。在师范生的教育技术能力培养中，要求师范生将这些信息记录在自己的学习文件夹中，搭建自己的电子档案袋。电子档案袋记录师范生在某一时期的学习成长足迹，从而反映出师范生的进步过程、努力程度、自我反思等，是对师范生的学习成果进行评价的有力手段。

3. 总结性评价

总结性评价是指一个单元、一个模块或一个学期的教学活动结束后，为判断教学活动的效果和学生的学习效果而进行的评价。师范生的教育技术能力强调理论与实践并重，在总结性评价中，上机操作测试必不可少。对师范生教育技术能力的总结性评价主要有两种方式：第一种是纸笔测试，纸笔测试主要对师范生通过《现代教育技术》公共课的学习，了解他们对教育技术的意识与态度、理论知识及应用教育技术的相关法律法规的掌握情况。第二种是上机操作测试，了解师范生通过公共课实践课程的学习，掌握教育技术技能情况，主要考察他们的操作技能。总结性评价的时间选择在《现代教育技术》公共课课程结束后。

第七章 师范生培养与在职教师培训的互动

第一节 师范生与在职教师教育技术能力培养的差异性

一、职前培养与职后培训的差异性

目前，我国教师教育有"职前培养"与"职后培训"之分，前者把原非教师的受教育者培养成为教师，后者则是培训在职的教师。职前培养是对师范生的培养，而职后培训是对中小学教师的在职培训。

就教学培养目标而言，职前培养和职后培训也有差别。从一般意义上理解，职前培养目标是师范院校对自愿走上教育教学岗位的青年学生进行职业准备性教育；教师职后培训是指师范院校对已经走上教学岗位的教师进行提高性教育。从性质上看，教师职前培养属于师范教育体系内部的基础性教育，它追求全面提高师范生素质，追求为师范生各方面素质的发展奠定良好的基础，追求"慢工出细活"的潜移默化，侧重向师范生传授更为全面的知识，帮助其对教学技能做一般性的了解，形成初步的教育能力。教师职后培训则属于再创造、补缺性和更新性的教育，它一方面要帮助在职教师矫正不恰当的教育观念、教育方法和教育技能，另一方面要帮助教师更新知识，了解教育教学改革的最新趋势。总体来说，职后培训是以职前培养为前提，在职前培养的基础上完成特有的任务；职前培养是以职后培训为补充，其中最后完成的任务由职后培训来承担。

职前师范生培养的特色在于"师范"二字，即师范生应具有先进的教育理念以及指导学生有效学习和发展的技能。教育实习是师范生从事教师职业不可或缺的关键环节，是职前培养和职后任教的桥梁和纽带。现在师范生的教育实习大多流于形式，实习期短，缺乏组织和管理，实习考核缺乏科学性，要将教育技术能力培养融入教育实习中显得不够现实。"封闭型"的师范生培养模式在一定程度上影响了教育质量，师范生普遍存在职业认同感不强、职业情感缺乏、专业思想不够稳固等问题。没有问题的学习是苍白的、不可持续的，没有对学校、学生、课堂的感性认识和深刻体悟的师范生很难开展深入而有效的专业学习。目前，在教育技术能力形成的相关课程的学习上，师范生普遍存在以下几种不良学习心态。

（1）完成任务。师范生为了应付考试而背教育技术学基本理论，为了完成作业而撰写教育小论文，为了拿到师范生培养实践环节学分而去学校实习（甚至只需盖一个章），这种功利性的学习具有浓重的交差应付的味道。

（2）没空学。客观上，师范生在校期间有繁重的学业任务，他们分配到教育教学专业学习上的时间和精力都十分有限。主观上，师范生在学习教育技术理论，尤其是学习纯粹的、远远超越中小学教育教学具体现象的理论时，内心或多或少地存在着畏难、迷茫的情绪，这种情况在低年级师范生中更为突出，这可能与他们接受的理论思维训练不足有关。学习任务繁重为师范生轻视专业学习提供了很好的借口和心理安慰。

（3）没有用。这种心态在师范生教育中极为普遍。学校学习的教育技术理论着眼于探讨教育技术领域的内在规律。在如今应试教育仍存在的环境下，学习基础理论"没有用"是师范生内心想法的真实表白，也体现了对当前教育技术理论研究的一种感性的批判。

（4）够用了。在校师范生往往以考试过关为标准，学习的广度和深度以"考试够用"为度不下真功夫。

（5）学不懂。相当一部分师范生在专业学习过程中，觉得越学越不知道该如何做教师。同一个问题，不学理论还有自己的判断，学习相关理论后却发现自己原来的概念体系、价值体系、经验体系都得推翻或予以大的改造，而新的概念体系、价值体系、经验体系又很难通过学习相应理念重新建立起来。这使得很多师范生陷入了迷茫的状态之中。

考察师范生教育技术能力培养的过程，明显地表现出了职前培养与职后发展脱节、理论学习与实践脱节的倾向。在绝大多数培训者、师范生、中小学教师的心目中，都有一种或清晰，或模糊的观念：师范生在校期间应专注于书本上教育理论的学习，师范生拿到毕业证、教师资格证，走上工作岗位后，则应专注于完成岗位职责。如此，我们的培养和培训工作及师范生、中小学教师的个人修养就出现了"职前重理论轻实践、职后重实践轻理论"的明显倾向。没有相应的理论指导，便无法进行科学实践，至多只是模仿；没有相应的实践，也不能真正掌握理论，更谈不上发展。理论的学习和实践的锻炼可以独立开来，而提高师范生的教育技术能力需要各个环节相互融合、相互渗透，实践中必须对它们进行统筹安排。

二、中小学教师教育技术能力培训的现状与困境

2004 年 12 月 25 日，教育部下发了《中小学教师教育技术能力标准（试行）》；2005年 5 月，教育部启动了"全国中小学教师教育技术能力建设计划"，辽宁、江苏、宁夏、河南、重庆、四川、云南、广西和海南为首批实施地区，旨在促进教师专业发展、提高中小学教师教育技术能力水平的教育技术研修活动拉开帷幕。为落实教育技术能力建设计划，各试点地区先后组建了省、市、县级培训基地，组织教师进行培训活动。

近年来，广大学者、教师及各级培训机构围绕教育技术能力培训的模式、方法和过程等开展了大量的实践探索，在一定程度上促进了我国中小学教师教育技术能力培训。例如，有学者、教师构建了"以指导教学实践为目的的培训模式""混合学习培训模式"等操作模式，

采用"案例教学""任务驱动"等培训方法，利用 Blog、Diigo 等信息技术工具开展培训等。虽然取得了一定的效果，但从总体来看，我国中小学教师教育技术能力培训的效果并不理想。首先表现为学员的学习兴趣不高。当前实施的教育技术能力培训，学员的学习兴趣普遍不高，应付现象较为普遍。其中固然有参加培训并非学员的内在需要等原因，更重要的原因是，一方面，培训内容与实践脱节，学员不知道所学的内容在教学实践中如何应用；另一方面，教育技术能力状况参差不齐，相当一部分学员虽有想通过培训提升个人技能和素质的主观愿望，但由于在培训过程中遇到困难时，不能及时得到有效的指导和帮助，学习兴趣逐渐弱化。其次是后续跟踪指导和支持比较薄弱。新一轮的教育技术能力培训是涉及全国上千万中小学教师的全员培训，参训教师数量多，培训周期长、任务重。从目前的开展情况来看，大多数培训都是"一次终结式"培训，后续的跟踪指导和支持服务比较薄弱，没有建立促进教育技术能力培训和运用的长效机制。最后，现行的培训模式对促进学员群体共同发展的支持还不够，促进群体共同发展的机制也不健全。

第二节　师范生与在职教师教育技术能力培养的互动实践

一、"顶岗实习，置换培训"模式

"顶岗实习"又称为"顶岗支教""置换培训"等，它是高师院校通过组织师范生到农村中小学校进行教育实习，在一定时期内顶替现职教师的岗位，被置换出的农村教师参加由高师院校组织的短期脱产培训，这是高师院校开展实践教学的重要形式。2007 年 7 月，教育部下发了《关于大力推进师范生顶岗实习工作的意见》，要求师范院校组织高年级师范生到中小学进行教育实习，时间不少于一个学期；各地将师范生实习支教与加强农村教师队伍建设结合起来，积极创造条件，安排师范生到农村学校进行实习支教。各地师范院校因地制宜地开展实习支教工作，应该说取得了积极的成效。目前，顶岗实习作为一种新的实践教学模式受到了教师教育领域广大人士的充分认可和重视。

"顶岗实习"作为最具代表性的实践教学形式，大大增强了师范院校办学定位的科学性、人才培养的针对性、服务社会的适应性。师范生在"顶岗实习"中承担全职教师的教育教学任务，独立完成课堂教学和班级管理、课外文化活动指导等工作，完整地带完一个学期的课，熟悉了教育教学的各个环节。经过系统扎实的实习锻炼，师范生巩固、深化、拓展了其在专业教育中所学到的知识和技能，培养了其在教学工作中的实际能力；师范生主动将理论知识运用到实践中去，将一些先进的理念和方法带给支教学校。通过"顶岗实习"活动，加强了高师院校与实习学校的联系，让教师和实习生更清楚地了解了农村基础教育的现状，增强了高师院校服务基础教育的使命感与责任感。

在教师教育一体化和倡导终身教育的背景下，"顶岗实习"方式是一种教师教育职前职后一体化的有益探索和实践。这项改革不仅是职前教师培养中实践教学环节的改革，而且涉及教育思想、管理体制、课程体系、教学模式、教师职后培训等全方位改革。针对农村基础教育和社会发展的实际，需要调整课程设置、更新教学方法、强化教师技能训练等。"顶岗实习"为构建职前职后一体化的教师教育体系搭建了桥梁，这种模式的创新，能在一定程度上满足基础教育改革发展和素质教育对高素质师资的需求，有效地摆脱"实习难，难实习"的困境，促进教师教育人才培养模式优化。

参加"顶岗实习"支教的实习生在学校通过三年的学习，培养了良好的信息素养，运用多媒体教学的教育理念也比较先进，具有较强的运用教育技术手段进行教学的能力。其中，教育技术专业实习生掌握了较强的专业技能，可以胜任对中小学教师进行教育技术技能的培训。实习生进入县市进行农远工程培训及教育技术基本技能培训；高师院校对农村中小学被替换下来的教师进行高水平培训，其中既有最新教学理念的培训，也有教师教育技术技能的培训。依托"顶岗实习"构建农村教师教育技术技能培养模式，注重"置换培训"中的教育技术相关培训，主要是对置换教师进行教育技术理论培训。同时，非教育技术专业的实习生除了完成本专业的教学计划外，一方面要发挥自身优势，积极带动当地教师使用先进的多媒体设备；另一方面要与参加技能培训的教师进行交流，互相学习并不断提高自身技能水平。

依托"顶岗实习"构建农村教师教育技术技能培养模式分三步走。第一步为"顶岗实习"师范生在实习县市对中小学教师进行农远工程培训及教育技术基本技能培训，使教师掌握基本的信息技术技能及其他教育技术理论。第二步为实习学校被置换教师到师范院校进行"置换培训"，培训的内容主要是一些理论知识，其中包含一些新的教学理念。通过前期的培训，教师已掌握了一些基本的信息技术操作技能，此时可以发挥高校专业教师的优势，为置换教师安排一些教育技术理论课程，如《现代教育技术》《信息技术与课程整合》等，使农村中小学教师对教育技术有更深层次的了解。第三步为其他学科实习生与所在学校教师共同探讨、交流提高，对教育技术专业实习生开展有效评价活动，为下一期实习生的培训提供参考依据，实现培训的可持续。通过前两个阶段的培训和学习，农村中小学教师已对教育技术基本操作技能及教学理念有了比较深入的了解，进入第三个阶段，主要是付诸实践，将教师自己的一些想法融入课堂教学当中，同时该阶段也是实习生与农村教师教育技术技能共同交流提高的阶段。

二、基于网络的职前职后互动培养模式

基于建构主义理论和教师教育理论，在高校相关教师的指导下，以高师现代教育技术网络课程为平台，师范生和在职教师组成"学习共同体"，通过网络交流互动、优势互补、取长补短，共同提高教育技术能力。我们将此种模式称为基于网络的职前职后互动培养模

式。此模式的主要目的是解决教师教育技术能力培养中职前、职后相脱节的问题，以及在职教师教育技术能力培训后的可持续发展问题，促进师范生和在职教师学用结合，全面提升师范生和在职教师的教育技术能力。从学生学习的角度来说，该模式主要包括四步：注册登记、自主学习、互动交流、效果评价。

注册登记。师范生以自己的学号或者网络课程要求的其他信息进行注册，获得登录师范院校开设的、培养师范生教育技术能力的主干课程——《现代教育技术》课程平台的资格。在职教师以各地教育局提供的教师花名册或者身份证号等《现代教育技术》网络课程平台需要的信息进行注册。主讲相关课程的大学教师是系统管理者，他们具有管理、更新网站的责任和义务。

自主学习。在职教师可以根据网络课程上的学习提示，结合自己的实际情况，制订学习计划，自主安排学习进度，也可以带着问题进行特定内容的学习，还可以和师范生的学习同步。既可以在线学习，也可以下载网络课程中的资源进行学习。在学习方式上主要有独立学习和集中学习两种方式。师范生要结合《现代教育技术》课程的教学，浏览与《现代教育技术》课程相配套的网络课程资源，对课堂教学内容进行复习、巩固和提高。

互动交流。互动交流是此模式的重要特征和主要内容。这里的互动包括高校教师与师范生的互动、高校教师与中小学教师的互动，最为重要的是师范生和中小学教师的互动。互动的途径主要是通过网络课程的互动。互动的主题既可以由高校教师来设置，也可以由师范生或者在职教师提出。交互既可以是一对一的交互，也可以是一对多的交互，还可以是多对多的交互；既可以是实时交互，也可以是非实时交互。

效果评价。这种模式主要针对的是已经获得能力考试结业证书的在职教师，因此更加重视过程性评价。可采用师范院校、教育主管部门或者培训中心和中小学三方协同评价的方式。师范院校通过课程网站内特定的软件系统跟踪学员的学习，统计其学习时间、发帖次数、交互频率等，了解其学习内容及完成作业的情况；当地教育主管部门或者培训中心负责制定相关的规章制度及奖惩措施，负责学员的登记、注册，监督学员的学习，同时还具有协调师范院校、中小学之间的关系的职责；中小学提供必要的网络条件，督促教师上网学习，组织教师学用结合、交流互动，并负责考评学员在教学过程中使用教育技术的情况及其效果。学期或者学年结束，师范院校、教育主管部门或者培训中心及中小学分别根据学员的学习过程情况，给予恰当的分数，并汇总到课程网站。教育主管部门或者培训中心按照相应的权重计算出学员的最终成绩，作为教师评优表先的依据。

第三节　师范生与在职教师混合虚拟学习社区的互动实践

一、理论基础

（一）虚拟学习社区的知识流动与建构

目前教育技术界对虚拟社区的研究有很多，非正式学习过程中其对成员知识建构的影响是大家关注的焦点。

在虚拟学习社区中，成员之间的知识共享与交互是核心要素。对于单个的学习者而言，社区的知识共享行为主要包含知识外化和知识内化两个过程。从孤立和协作的角度来讲，虚拟学习社区中知识建构又可以分为个体知识建构和协作知识建构两种。个体知识建构是个体独立学习的过程。学习者根据自己的需要或者兴趣选择合适的内容，并根据自己原有的相关部分的知识体系去理解、内化吸收，最后重新构建该部分的知识体系。协作知识建构是通过社区成员的协作互动交流来完成的。根据罗斯切利的观点，协作是引起学习者观念变化的重要过程。哈拉希姆在其基础上提出了网络协作学习环境下学习者观点变化模型，认为从发散思维到收敛思维经历三个阶段：提出观点、联结观点和智能收敛。具体过程表述为：个体将自己的观点表达出来，如就某个论题表达自己的立场和态度，其他的学习者可能会有异议或者共鸣，表示反对或赞成，那么就会出现不同观点的联结与碰撞；通过反复循环的对话过程，观点会在小范围内达成共识；不同共识之间再协商整合会形成整体社区的理解。知识建构的层次是由低到高螺旋递进的。虚拟学习社区中促进知识建构就是要将知识建构推向更高的层次。

（二）社区成员异质性

关于成员异质性有许多定义，Jackson 等（1993）将异质性定义为行为者对某些属性的不同喜好，这些属性不仅包括人口统计学方面的变量，还包括个人特性（personal attribute）。前者是指不易改变的特征，如性别、年龄、种族，后者则指的是较容易改变的特征，如身份地位、专业技术或者个人风格，具体分类如表 7-1 所示。

表 7-1　Jackson 等的异质性分类

易观察的特质				不易观察的特质								
				价值观异质			技术与知识异质					任期异质
种族	国籍	性别	年龄	人格	文化价值观	社会经济背景	教育背景	职务背景	职业背景	产业经验	组织成员地位	组织任期	团队任期

本书中所提到的虚拟社区的成员异质性，更多地指向表 7-1 异质性分类中的"技术与知识异质"，并进一步引申为"教育背景、职业背景和从业经历"之间的异质性。

近年来的团队异质性研究理论认为，异质性团队能提高组织的弹性与活力。Watson 等（1993）学者的研究也证实了：相对于异质性低的团队，异质性高的团队创新能力更强，能激发更多的观点，遇到复杂问题时也能产生更好的答案。但也有一些研究认为，团队成员的多样化不仅促进了组织的发展和竞争力的提高，同时也给组织带来了许多问题。研究发现，异质性较高的团队不易整合，成员之间不易合作。但经过具体分析，这些负面效应更趋向于在现实团队的整体合作中表现出来。鉴于网络社区成员的交互过程过滤了很多现实团队交互过程中可能出现的负面因素，如语气、音色、面部表情、姿态动作等，异质性在网络社区的互动合作中彰显出更多的优势特点。

综上所述，在以上两种理论的基础上，我们假设在校师范生 - 在职教师融合的异质性学习社区对我们的师范生教育技术能力的培养有正向促进作用。该假设在前期没有定论，是一个需要后期数据验证的研究假设。

二、模式构建

（一）社区概述

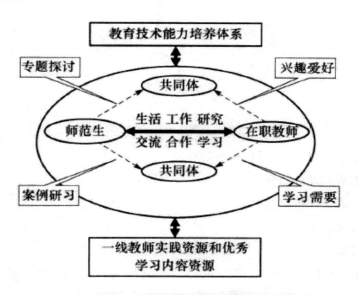

图 7-1 师范生 - 在职教师混合学习虚拟社区模式图

图 7-1 为师范生 - 在职教师混合学习虚拟社区模式图，其不同于单纯的网络课程学习平台。社区成员有两大类，一类是在校师范生，另一类是在职教师，提高教育技术能力是他们的共同目的。基于学习、兴趣和职业需要，他们在这里相聚，分享经验，交流思想，探讨案例。该社区对于免费师范生来讲，既有助于数字化学习习惯的培养，也有助于学习知识。相对于实时课堂的相关知识讲解，该辅助平台的自主选择性和学习自由度变大。同

时对于在职教师而言，此社区是其教师专业素质拓展的好平台，为其教育技术能力的提高提供了丰富的学习资源和交流分享的机会。

作为师范生的教育技术能力培养的一种手段，该社区会依据社区交流的特点和优势，锁定一些主题，如教学设计或者数字化学习能力的培养方面。成员上传好的素材，积累起来成为社区共同的资源财富。相关案例供大家观摩学习，亦有相应的话题讨论，社区主题不会限定得特别狭窄，这里是"生活、工作、学习、研究"的交流平台。

（二）互动学习机制分析

虚拟社区中，人际沟通是重要的学习手段。在该混合虚拟社区中，主体对象有两类——在校师范生和在职教师，那么就形成了三种互动的对象结构（图7-2）：生—生，师—生，师—师。而对于该社区而言最大的特色就是"师—生"交互的对象结构，本融合社区为二者提供了良好的学习互动平台。

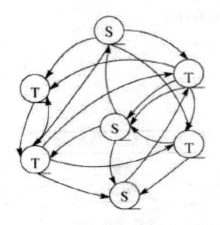

图 7-2　互动对象网络（T：教师 S：学生）

本虚拟社区中，具体有以下几种互动形式：

（1）日志发表与评价回复；

（2）故事发表与评价反馈；

（3）活动发起、参与与互动；

（4）论坛互动。

对应于混合社区主题，表7-2将各种互动形式与合适的交流资源类型加以归类。

表7-2　互动形式与合适的交流资源类型归类

互动形式	私信	日志	故事	活动	论坛
适合交流的资源类型	私人情感交流或者简单信息通信	日常随笔、教学感悟、反思	系统知识点：完整的教学设计案例及教学效果展示、系统的理论思想介绍、相关知识专题等	需要大家积极参与的实践性项目：优秀课件展示、教学设计展示等	日常生活问题、软件使用问题、针对性教学问题

以下将就其中两种重要互动形式做简要分析。

1. 故事发表与评价反馈

在故事互动模块(图7-3),故事主架构为图片。发布者将以图片形式呈现的知识点上传,上传时可为每张图片附带释义说明,上传成功后,其他学习者浏览鉴赏学习,并可以对单个的图片知识点作评价反馈或与发布者互动交流。这种形式的交流学习形式,比较有针对性,可以"就事论事",上传者可以就其中的关键点做特别介绍,学习者也可以有针对性地学习鉴赏。从网站的运行情况来看,此形式的交流互动为最受欢迎的交流形式,且该借鉴观摩交流的互动方式比较符合"提高教学设计能力"等相关主题。

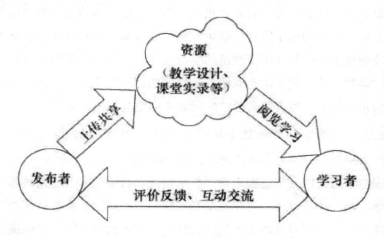

图 7-3 互动模块交流机制

2. 活动参与及互动

教育技术能力的提高需要具体的实践操作,需要活动来激发大家动手实践的积极性。在本社区的活动互动模块中(图7-4),活动发起人就某个主题发布活动公告,公告中含有活动主题和具体的格式要求;小组所有成员都能在社区内看到此活动公告,有意愿的参与者根据活动主题在业余时间动手制作相关的知识成果图片,上传到活动中心;小组所有成员都能够在活动中心看到所有参与者的知识成果展示,并就相关知识点做反馈互动交流。

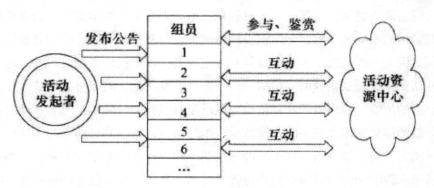

图 7-4 活动模块交流机制

（三）模式特点分析

1. 成员异质性——职前、职后互动

该虚拟社区在成员组成上打破了师范生自身的小圈子，和一线教师形成了互动。黄荣怀在多年的师范生教育技术能力培养实践研究的基础上指出，要注重"职前"和"职后"的互动。师范生和在职教师这两个成员分类，在很多方面具有异质性。所处的生活和职业环境、教学实践经历、教师专业发展阶段等方面都有很大的差异。根据团队异质性理论，社区成员的异质性会增加团队活力和团队绩效。不同的职业背景和视角会对他们的教育技术建构产生重要影响。在职教师因其职业角色，视角会更多地体现在教师视角或者以教为主的教学过程方面；在校师范生因其"学生"和"准教师"的双重角色，更多地会代表学生的视角。在校师范生的优势在于新理论的学习接受，但缺乏一线教学实践，在职教师有丰富的教学实践经验，或许缺乏的是系统的、现代的理论知识支持。那么二者聚在一起，共讨教学实施的相关知识，则会使教育技术能力建构更全方位、更客观。

2. 社区主题——教学设计和数字化学习方式及习惯的培养

教育技术能力涵盖的范围是非常广泛的，基于虚拟社区"文字思想交流"为主的特点，我们将该业余虚拟学习社区的主题锁定在"教学设计和数字化学习能力培养"上。教学设计关注的是教学活动的体系设计，重在系统和策略知识的运用，虚拟社区在交流该类知识方面有很强的优势。社区学习者将相关教学设计的具体案例以文字、表格或者图片的形式上传，并加以文字注释，或者配以实时授课活动图片，供大家鉴赏交流和学习，文字释义和活动图片的配合将会是相得益彰的。就"数字化学习能力"方面，基于以下考虑：数字化学习时代的到来，对未来教师提出了更高的要求，作为教师，必须了解和适应各种新型的学习方式，才能满足学生的各种学习需求以及自己作为一个合格的终身学习者的要求。虚拟学习社区本身就是一种数字化学习方式的体现，且依托于一种数字化学习方式去分析其他的数字化学习方式，在理解上更容易些，因为它们在形式上会有或多或少的相关性。

3. 意识层面——提高对教育技术重要性的认识，促进教师角色意识的形成

相关的问卷调查显示，大部分学生对教育技术能力在未来教学实践中的重要性有一定的认识，但整体的重视度不够，学习积极性不高，仅将其作为一门普通的公修课对待或仅是因为好玩。因和一线的教学改革大背景有一定脱离，仅靠授课老师的教导，这种意识层面的重要性认识是比较难培养的。根据心理学态度改变理论，圈子里的权威人士更容易触动其他人态度的改变。在职教师在师范生眼里已是有经验的权威者，二者互动，在校师范生能从在职教师那里获得比较多的一线教学改革的事宜，特别是目前影响力比较大的中小学教育技术能力培训（如国培计划）。因这些改革和教育技术有很大关系，此类交流，容易使他们从未来教学岗位的视角重新看待教育技术并意识到教育技术的重要性。同时此类交流也增加了他们对教师角色的认识，其教师角色意识得到适度增强。

4. 实时学习记录——电子学习档案

大学生学习方式的改变，急需我们的教学和评价方式做出变革。尤其是针对现在很多课程评价方式单一的弊病，教育技术学作为改革的前沿阵地，应采取多样化的评价方式，特别需要关注的是过程性评价。该社区形式的建立，在一定程度上适应了这种改革需求。每个人都有自己的空间，可以上传作品，可以分享经验，可以表达自己的见解，可以实时记录学习过程，相当于学生的电子学习档案袋，能对学习者的学习过程进行评价。

参考文献

[1] 赵呈领，万力勇.教育信息化发展与师范生教育技术能力培养 [M].北京：科学出版社，2013.

[2] 吴鹏泽，杨琳.Web2.0 环境下职前与在职教师教育技术能力培养模式研究与实践 [M].广州：广东教育出版社，2018.

[3] 杨宁.职前教师的教育技术能力发展研究 目标层次、培养路径与课程策略 [M].北京：电子工业出版社，2015.

[4] 殷旭彪.当代教育信息化理论与实践研究 [M].北京：中国书籍出版社，2018.

[5] 张一春.教师教育技术能力建构 信息化环境下的教师专业发展 [M].南京：南京师范大学出版社，2007.

[6] 董彦.现代课堂与教师教育技术能力发展研究 [M].合肥：中国科学技术大学出版社，2017.

[7] 李孝川.地方高师院校师范生教学技能培养机制研究——以 ××× 大学为个案 [M].昆明：云南大学出版社，2017.

[8] 沈书生.中小学教师教育技术能力结构与层次 适应信息化教育 [M].北京：北京师范大学出版社，2009.

[9] 孟琪璐，葛修娟.现代教育技术 师范生教育技术能力培养的理论与实践 [M].南京：南京大学出版社，2009.

[10] 邱婧玲.教师教育技术能力发展的差异性研究 [M].北京：光明日报出版社，2013.

[11] 李玲静.教师教育技术应用能力评估研究 态度与行为的互动视角 [M].太原：山西经济出版社，2017.

[12] 王吉.幼儿教师教育技术能力发展 理论与实践 [M].北京：中央编译出版社，2016.

[13] 杨双双.免费师范生教育技术素养研究 [D].东北师范大学，2010.

[14] 夏熙瑞.免费师范生教育技术能力结构分析与课程体系重构 [D].华中师范大学，2011.

[15] 白杨.网络环境下培养师范生教育技术能力的案例教学研究 [D].西南大学，2009.

[16] 宋潇.师范生教育技术能力提升全终端学习空间建设与应用研究 [D].河北师范大学，2018.

[17] 赵希.基于体验式学习的师范生教育技术能力培养研究 [D].辽宁师范大学，2012.

[18] 王欢欢.诊断支持下的师范生教育技术能力培养模式研究 [D].河南师范大学，2019.

[19] 张晓梅.师范生教育技术能力培养策略 [J].教书育人（高教论坛），2017（18）：30-31.

[20] 张丽萍，葛福鸿.地方高师生教育技术能力培养策略研究 [J].中国教育技术装备，2016（12）：24-28.

[21] 王驰.面向师范生信息化教学能力的设计型学习活动设计：以"现代教育技术"课程为例 [J].无线互联科技，2021，18（01）：125-126.

[22] 冯丽英，方向阳.面向职业教育的师范生教育技术实践能力培养思考 [J].长江丛刊，2020（32）：91-92.

[23] 胡春春.论师范生现代教育技术能力培养的重要性 [J].科技展望，2015，25（34）：280.

[24] 单新梅.教育信息化背景下师范生现代教育技术能力培养的策略探析 [J].牡丹江教育学院学报，2011（06）：151-152.

[25] 张琪.师范生信息化教学能力提升策略研究 [J].电脑知识与技术，2019，15（31）：117-118+137.

[26] 唐瓷.师范生信息化教学能力培养改革与实践：以成都师范学院为例 [J].教师教育论坛，2019，32（01）：67-73.

[27] 桂洁，崔光红，张学亮，段继光.师范生混合式教学技能的培养策略 [J].大众科技，2020，22（10）：102-104.

[28] 李岚岚.基于体验式学习的师范生教育技术能力培养研究 [J].电脑知识与技术，2017，13（22）：139-140+146.

[29] 万力勇，赵呈领，疏凤芳.免费师范生教育技术能力结构体系构建 [J].现代远距离教育，2012（01）：76-80.

[30] 李志河，刘敏.师范生信息化教学设计能力培养的现状及改进措施 [J].生活教育，2020（04）：33-37+69.

[31] 陶文玲.我国职前教师教育技术能力培养探析 [J].中国教育信息化，2014（08）：63-65.

[32] 贾彦茹.师范生多媒体课件制作能力研究 [J].中国新通信，2016，18（06）：151.

[33] 冷波，徐晶.构建教育技术能力培养途径研究 [J].中国教育技术装备，2018（22）：3-4+9.